HARUO SUZUKI
……
PHILOSOPHY OF CLOTHES
for Suit style

男の着こなし最強メソッド

服は口ほどにものを言う

SHIPS顧問
鈴木晴生

講談社

あなたが想像している以上に、周りはあなたのことを見ている

P.113へ

シャツとネクタイは
自分をアピールする最強のパーツ。
美しい着こなしが
あなたを後押ししてくれる

P.116,118へ

服を着ることを楽しむことは、
人生を豊かにしてくれる

P.120,122へ

シャツは
ネクタイのための
舞台と考えれば、
おのずと
何を選ぶべきか
見えてくる

P.124へ

ネクタイは、
柄で選ぶ？
色で選ぶ？
素材で選ぶ？

P.125へ

SHIPS
Master Crafted Footwear
Custom Grade

靴には
品性が表れる。
足元にある
落とし穴に
注意する

P.126へ

はじめに

シップス「メンズクリエイティブアドバイザー」の鈴木晴生です。

シップスでは、自分の経験から得たノウハウを生かして、洋服の企画及び生産、仕入れのアドバイスをしたり、シップスで洋服に関わる仕事をする人々に必要と思われる知識を伝えていく社内スクールの講師をしています。

服飾の世界に身を置いて約50年、メンズファッションにおいて僕が大切だと思っているのは、基本であるスタンダードを身につけ、そして磨き続けること。そうすることで、自分だけのスタンダードスタイルが確立されていくと実感しています。


かつて、ブリティッシュトラッドの「エーボンハウス（＊）」というブランドの企画をしていた時代、自分の企画見本を持ち海外に売り込みに行ったときに、専門店や百貨店のバイヤーの反応から多くのファッションインスピレーションを得ることができました。そして、買う側の要求に合わせるのではなく、提供側の企画が強い魅力に溢《あふ》れているかどうかが評価のポイントであることを学んだのです。

それは個人レベルでも同じです。自分の主張を、服装を通じてどう発信していく

＊エーボンハウス：70年代から80年代にかけて人気を集めたブリティッシュトラッドブランド。

かが大切であって、スタイルとしてオールドも、ニューも、クラシックも、トレンドも、すべてはインスピレーションの源でしかない。どれかその一つを極めていくのも悪くはないけれど、その繰り返しでは、マンネリ化してしまい、どこか行き詰まってしまうと思います。

単に最新のトレンドを身につけていても評価はされません。その服があなた自身のメッセージであり、あなたを輝かせてこそ、「素敵ですね」と言われるのです。そのとき、あなたがどんな服を着てその場に存在するのか。その場の景色が、その服を良くも悪くもすることを意識すると、あなたなりの答えが見えてくるはずです。

服は自分自身を変えてくれる。
見る人に元気を与えてくれる。

人生をも変えてしまう服のチカラを、僕は信じ、楽しんでいます。ファッションと向き合うことが、生きるエネルギーをもらうことだと気づいたとき、きっとあなたの人生は変わっていくはずです。

COMPOSITION
COTTON60% SILK40%
MINIMUM 6-6 PIECES
DESIGN #315637-B
COMPOSITION
COTTON60% SILK40%
MINIMUN 6-6 PIECES
T-11287
ON SILK100%
-8 PIECES
THE WHITMORE
99

CONTENTS

CHAPTER 3

服の目利きになるためのメソッド

illustration: Haruo Suzuki

CHAPTER 4

一目置かれる着こなし術

CHAPTER 1

服を甘く見てはいけない

服を着ることが、単純に「暮らし」の一部でしかない人もいれば、
「人生の楽しみ」の一部にできる人もいる

周りは想像以上にあなたを見ている

男は中身。見た目なんて関係ない。

僕もそう思います。ただし、見た目は関係ないから服装を気にしなくてもいい、とは思っていません。内面は必ず服装に出ます。中身がきちんとしていれば、服装はおのずと整ってくるもの。そういう意味で中身が重要だと僕は考えています。

「もったいないなぁ」と思うのは、とても魅力的で有能な人物が、服装に無頓着なせいで損をしているケースが非常に多いこと。服装はそれなりに整えているものの、選んでいる服が充分にその人物の魅力を引き立てていないために、第一印象で低い評価を受けたり、チャンスを逃しているのです。

たとえあなたが「自分は他人の服装が気にならない」「服装で人を判断しない」と思っていても、相手もそうだとは限らないと考えたことはありますか？　もし、服がよれよれだったり、その場にふさわしくないものだとしたら、相手はあなたにどんな印象を持つだろうと想像してみてください。これは、あなたが人と会ったときに置き換えて考えてみるとわかりやすいと思います。昨日、初めて会った人物について、「どんな人だったかな」と思い出すとき、ネクタイの柄、シャツやスーツの色まで覚えていなくても、その人を印象づける雰囲気のようなものは覚えているはずです。

「何だかチャラチャラした奴だったな」とか「地味でさえない感じだったな」という印象は、ほとんどが服装の影響によるもの。「チャラチャラした」という根拠は、ビジネスの場にふさわしくないデザインのスーツからの印象、「さえない」というのはベーシックなスーツに白いシャツと流行遅れのネクタイから結びつけた印象であったりします。相手が見るあなたのほぼ8割は服でおおわれているのですから、服装から与えられる情報がいかに大きいか想像できるでしょう。その場にそぐわない格好をして、状況判断ができない愚鈍な人間のレッテルを貼られてしまうことも考えられます。たとえ有能であっても、第一印象が良くなければ、信頼関係を築くまでに余計な時間が必要になるのです。

そう、服がメッセージを発信していることを忘れないでください。そこに少し意識を持っていくことで好印象を得られ、人生にプラスになるのであれば、「見た目なんて関係ない」などとは言っていられないはずです。相手にネガティブな印象を与えないよう服装に気を配ることは、社会人として人前に出るときの基本マナー。

いつどこで自分の運命を変える人に出会うかわからないのだから、なおざりにできません。

服は見せたい自分を演出することができる最強のツールだと僕は思っています。

「なりたい自分」「見せたい自分」をイメージし、意識をほんの少しでも服に向けて、できれば着ることを楽しんでほしい。人生をハッピーにする〝服のチカラ〟を実感していただくためのメソッドを、これからお話ししていきます。

ビジネススーツの位置づけ

ビジネスの場でのあなたの服装について考えてみましょう。

「仕事着」という規制の中では、皆が同じようにスーツを着、群れをなしています。その中であなたは「個」として何か発信していますか？　周りと同じようなスーツ、ネクタイ、シャツを身にまとい、無難に過ごそうとしていませんか？

「無難になると、生き方としてつまらない」

僕はそう考えています。たとえば、あなたの職場のドレスコードで、ワイシャツは白でなければならないと決められていたとします。「白であれば何でもいいや」、あるいは「白と決まっていてラッキー。何も考えないでいい」などと思うのは、あまりにももったいない。チャンスが来たときには、同じ白のシャツでも、生地や仕立ての良いものを選び、さりげなく自分をアピールしてください。「コンサバなアイテムほど、品質にこだわる」、これがポイントです。見た目には同じようなのに、気持ちが前向きになり、自信や誇りを持てるようになり、あなたをプラスの方向に導いてくれるはず。そして、そんなあなたを見ている人が必ずいます。

僕がこれまで出会った仕事ができる人は、あらゆることにバランス良く興味を持ち、「生きている」という実感を得ているように思います。そういう人たちは、服に対しても、単に着ているのではなく、自分を表現する手段として捉えています。たまたまその服を着てきたのではなく、考えた中で今日着るべき服をきちんと選んでいる。いつものスーツだけれどネクタイとシャツが、今日にフィットしていて、全体のハーモニーを生み出すように仕組まれているのです。

どんなふうに着るかで、あなたの評価を上げることもあれば、下げることもある。それが服であり、服装なのです。

上質なアイテムは、あなたをプラスの方向に導いてくれる

服は口ほどにものを言う

僕が服装について考えるとき、重要だと思っているのが全体のハーモニーです。その場に合い、会う相手への気遣いが感じられ、ひとつひとつのアイテムのデザイン、色、素材感が調和した服装は、見ていて本当に心地良い。パッと見て、そこにハーモニーを感じたとき、その人に対する僕の評価はぐっと高くなります。

服は情報の固まりだとすでに書きましたが、着ている本人が好むと好まざるとにかかわらず、その人物に関する情報を外に向けて発信し続けています。ビジネスの場において、言動には気を配っているのに、服装から発信される情報に無頓着な人を見ると、「もったいないな」と思うと同時に、「服装を正すことがまず先だろう」と僕は思ってしまいます。

服は実に雄弁です。その人が長い時間かけて蓄積してきたものをすべてさらけ出してしまう。嗜好やセンスのみならず、どんな暮らしをしてきたのか、社会人としてわきまえるべきことを身につけてきたのか、服装にすべて表れます。たとえ上質な服、靴、鞄を身につけていたとしても、着こなしから本人が隠したい情報が見えてきます。その反対も同じで、行く先々に礼を尽くさねばならない相手がいることがわかっている人ならば、その場で身につけるべき服を選び、必ず着こなし（服装）にも気を配っています。

社会的にも信頼を得、ビジネスの上で成功している人たちは、自分流のスタイルを持ちながら、常に社会の目を意識した服装をしています。さらに言うなら、過剰にならないようにセーブすることも忘れていないので、決して表面だけをつくろった服装にはなっていません。そこにはハーモニーがあり、豊かな人間性がにじみ出ています。日々、社会の目を意識しているからこそ、おのずと服装で気をつけるべきところがわかるのでしょう。

あなたがキャリアを積み、社会的地位のある人と仕事をしたいと望んでいるのなら、少なくとも服装には気を配り、見た目で損をしないよう心がけるべきです。たとえネクタイ一本、シャツ一枚でも意識を持って選んでほしい。そして、「もう一歩上を目指したい」「今を変えたい」というときには、服のチカラを信じて頼ってください。もちろん、今の自分で通用する世界にずっといたいのなら、僕は何も言いません。ただ、一番身近にあってチカラを発揮してくれるのが、服であることは知ってほしいのです。

「これでいい」という人に未来の可能性はない

「無難になると、生き方としてつまらない」とすでに書きましたが、「とりあえず無難な服を着ておこう」と思っている人がまだまだ多いのも事実。日本人の服装に対する意識の傾向なのかもしれませんが、「無難でいいや」という人は、ミニマムなところで帳尻を合わせる人生を送る人だと僕は思っています。

さらに言うなら、「今日は黒っぽいスーツと紺のネクタイをしてきたから、それでいいでしょう」という人には、未来の可能性はないと言ってもいい。それは単なる怠惰のうら返しで、「自分はこういう人間です」という主張がなく、自ら〝エンプティ（空っぽ）〟であることを露呈しているようなもの。社会人として経験の浅い20代ならばともかく、30代、40代になり、キャリアを積んでさらに上へ、と考えるのならば、「無難でOK」という考え方は捨ててください。

「無難」とは、そこで自分の存在を目立たないように消すことです。そうすることを求められている場合は別として、保護色のように周りの風景に自分を溶け込ませて自分を主張しないのは、明らかにマイナスの思考です。そこには「何かを変えよう」とか、「発展させよう」という前向きのエネルギーやアイデア、意識を僕は感じることができません。

実際に「無難」であることがマイナスな印象となり、ビジネスのチャンスを逃してしまった例があります。企画担当部署に所属していた彼は、服装に関して問題があるわけではありませんが、常に「昨日と同じ服じゃないの？」と思うくらい発展性が見られない「無難」なスタイル。あるとき、新しいプロジェクトの話が立ち上がりましたが、そのチームに彼は参加することができませんでした。服装から醸し出される彼の発展性のない空気感を日ごろから感じていた上司が、挑戦する仕事に彼は合っていないと判断したそうです。

「無難」なスタイルを全否定しているわけではありません。「無難でいいや」という意識が問題であり、プロジェクトのメンバーからはずされてしまった彼から醸し出されるそうした意識が、上司にも伝わっての結果なのでしょう。

自分を声高に主張する必要はないけれど、ビジネスの場においては、必要とされる人材として周囲に認識してもらえるよう常に準備をしておかなければなりません。そんなときこそ、服は自分をアピールする最強のプレゼンツールになるのです。

極端な話、「あの人はどういうお仕事をしているんですか」と言われてしまうようだと、もうおしまい。服装や雰囲気からその人の職種や力を注いでいる仕事が何なのかが伝わってこないのは、何もしていないのと同じで、自分のファッションの壁を破れない人間は、仕事の壁も破れないと言っても過言ではないと僕は思っています。

今着ている服は99％自己責任

「何を着たらいいかわからないから、（第三者に）選んでもらったものを着ている」とか、「ブランドものなら間違いないから」と言って、自分が着ている服について、責任がないように言う人がいます。

「これ、おかしいかもしれないけど、自分で選んだんじゃないから」という、言い訳。自己弁護のために発したこの言葉は、実は逆効果で、好印象どころか「無責任な人間」と相手に取られかねないNGワードだと思ってください。

今日、あなたが着ている服は、99％あなたの意志によるものです。

どうしても着なければならない場合1％を差し引いて99％。たとえ、誰かに選んで

もらったにしろ、ブランドショップの提案するまま買ったにしろ、最終的に着ているのはあなた自身。責任は自分にあるのです。

ところが、どこまでいっても「自分で選んでいない」という意識が先行して、服装で不都合が生じると人のせいにしてしまう人がいます。わからないから人に選んでもらいましたというのは、わからないことを口実にした責任逃れにすぎないのです。服に責任が持てないのは、自分に責任が持てないと言っているのと同じで、「無責任」というレッテルを貼られても仕方がないでしょう。

それに、自分の意志で選んだ服ではないことは、見る人が見れば必ず（少なくとも僕には）わかります。その服とあなたの関係がエンプティであれば、それは自然とにじみ出てしまうものなのです。

服を甘く見てはいけない

何を選び、どう着こなすかという服装術は、あなたのすべてを白日の下にさらします。たとえば、一見してブランドものだとわかるアイテムでいつも固めている人は、権威や評価に価値を置くという考え方の持ち主だと推測できるし、誰かに選んでもらったものばかり着ている人は、依存心や頼りなさ、無責任さがどこかに感じられ、「この程度でいいや」というミニマムな人生にとどまることになるでしょう。

一方、わからないなりに一生懸命考えている人は、多少とんちんかんな服装になっていても、確実に進歩していきます。いつも努力して頑張っている人なのか、それとも権威に寄り掛かったり、他人に頼ってばかりの人なのかは、服装を含めたその人の雰囲気に、必ずにじみ出ています。

なぜ今日その服を選んだのか、なぜそのような服装になったのかの〝決定ボタン〟を押したのはあなた自身。「自分で選んだんじゃないから」と責任を放棄せず、最終的にそうなったことについて考えてみてください。自分の意図を掘り下げていくプロセスに、「なりたい自分」を見つけるヒントが隠されています。

無神経な人は靴も汚い

服装の話をするとき、問題点としていつも話題に上るのが靴のことです。服やバッグ、時計にはそれなりに気を遣っているのに、靴をなおざりにしている人が本当に多い。およそビジネスシーンにふさわしくないデザインの靴や機能性（ラクさ）

靴には品性が表れる。コーディネートのポイントとして、決して手を抜いてはいけない

を優先した靴など、靴そのものを誤って選んでいる場合はもちろん、質が良いのに手入れの行き届いていない靴も含めて、靴に対する意識が低いと、すべてが台無しになってしまいます。反対に、決して高級な靴ではないけれど、丁寧に手入れをした靴を履いている人を見ると、それだけで服装に気を配っているという印象を与えることができます。

靴には品性が表れます。仕事柄、つい人の服装を上から下まで見てしまうのですが、混雑した朝の通勤電車の中での些細な行動が、その人の服装とイコールである場合が多々あります。

たとえば、都心に近づくにつれ混み合う車中でのこと。僕は自分の体に人が当たると、自分ができる精一杯の配慮として、スペースがあればよけるようにしています。そうした状況の中で、なおもぐいぐい押してきて、中にはゴツゴツした固い鞄やリュックを押しつけてくる人がいます。その押し方があまりにも無神経だと、僕は失礼がない範囲でふり返り、そっとその人を観察します。見ると、たいてい靴が汚く、服装がだらしない。その確率はほぼ100%です。一方で、僕がよけると相手も位置をかえ、混んだ電車の中でお互いに少しでも快適にいられるようにしようとする人は、例外なく身だしなみがきちんとしています。

つまり、「服装に怠惰な人は、自分も人も大切にしない」というのが、僕のこれまでの経験から得た結論。すべての人がそうだとは言いませんが、ビジネスの場で相手に「だらしがない」という印象を与えてしまう人は、自分を大切にしていない人なのです。大切にしていないから汚い靴でも平気で自分に与え、それが自らの評価を下げていることに気づきもしない。一方、自分を大切にしている人は、汚れた靴を自分に履かせることは決してしないはずです。

自分を大切にできない人は、人も大切にできません。人を大切にできなければ、会社の同僚も仕事相手も大切にできず、仕事もできないということになります。僕のように、靴を見てその人の品性や生き方、仕事の出来不出来まで推し量る人間がいるのですから、靴にはくれぐれも気を配っていただきたいと思います。

腕時計と筆記具に配慮がない男はツメが甘い

人と相対したときに、ついつい目がいってしまうところ、それが手です。名刺を交換する、ペンを持つ、時間を確認する……。相手のしぐさに合わせて何気なく視線を移した先に、「あれ、この人大丈夫かな」と目が留まってしまった経験が誰にでもあるでしょう。

爪が伸びている、シャツの袖口が汚れているなど、清潔感がないために好感を得られないのは当然ですが、相手に与える印象を考慮せずにつけていがちなのが腕時計です。腕時計が与えるインパクトは想像以上に大きく、高価なイタリア製のスーツに「高いものを着ているな」と反応する人よりも、高価な腕時計に対して「いい時計しているな」と反応する人の割合のほうが、圧倒的に多い。そのせいか、腕時計を自己アピールをするアイテムとして捉えている男性も多いようです。しかし、自己顕示欲の固まりのような時計を見て、相手はどう思うでしょうか？　特にビジネスの場で、〝自分のお気に入り〟をひけらかすようなことをしても、何の得にもなりません。腕時計は機能性に優れたシンプルなデザインのものを選ぶべきです。

そもそも腕時計は正確な時刻を知るためのもの。必要以上にデザインされたものや、スーツやシャツとのバランスを崩すようなサイズのものは、ビジネスの場にふさわしくありません。雄弁に語らず、機能を追求したものがベスト。高価すぎるのも好ましくありません。僕が今、初めての腕時計を買うとしたら、予算は10万円くらいで、シンプルなものを探します。もし、「何を選べばいいかわからない」というのなら、時計店の人に相談すればいいし、セレクトショップで提案する腕時計を

腕時計は〝あなた〟を印象づける重要なアイテム。主張しすぎないもののほうがいい

見てみるのもいい。今の時代に使いやすいものが取り揃えてあります。

もうひとつ、ペンも視線を集めるアイテムです。その人がどんなものを使っているのか、いやでも目についてしまう。商談、会議、打ち合わせ、あなたが文字を書いている手元は、周囲の人に見られています。景品のボールペンやキャラクターがついたようなペンを使おうものなら、「センスのない奴だな」「こだわりがないのかな」と思われても仕方がありません。

わざわざ高級な万年筆やボールペンを用意する必要はありませんが、ビジネスにふさわしい落ち着いたものを選べば、信頼を失うようなことはないでしょう。

いくら高級なスーツを着ていても、そういうところに気が配れない男は、ツメが甘いことが多い。腕時計と筆記具もまた、あなたを印象づける重要なアイテムです。相手の視線を意識し、自分を印象づけるアイテムを用意することは、ビジネスの上でもチャンスをつかむきっかけになると覚えておいてください。

新しいスタイルにどんどん挑戦する、そうしてこそ自分流のスタイルが見えてくる

ブランドに頼るとおしゃれになれない

「何を選んだらいいのかわからないので、とりあえずブランドもので揃えてみました」という人は、見るとすぐにわかります。その人と服の関係が希薄なため、ただただ全身にブランドの匂いがしみ込んでいるばかりで、個性が少しも感じられないからです。「このブランドが好きで全身統一している」という人で、シーズンごとのラインナップの中から自分に合うデザイン、色、サイズをきちんと選んでいる場合は別として、「面倒だから」と言って、ブランドやショップの提案に依存するのは危険です。

ただし、真似ることは決して間違いではなく、特定のブランドが好きだという気持ちや憧れは必要です。問題なのは、まるで餌を与えてもらっている動物のように、提案しているスタイルを単純に真似し続ける行為。第一印象では好感を得られても、付き合っていくうちにメッキが剝《は》がれ、「中身のない人」というレッテルを貼られかねない行為だと自覚してください。

ブランドやショップを服選びの物差しにすると、自らの可能性を閉ざすことにな

ります。ブランドが提案するスタイルから学ぶべきことはとても多いのですが、ブランドばかりが前面に出てくると、着ている人自身の個性が見えなくなってしまいます。これが、流行のアイテムを着ているのに素敵に見えない理由です。

真似をするのは最初のうちだけで充分。すべてではなく気に入ったものだけを選ぶ、他のものと組み合わせるなど、自分なりの編集をしてみるのは楽しいものです。

僕たちが若いころは、ブランドの最新スタイルどころか、服はどう着るのか、どんなアイテムがあるのかさえも、アンテナを張っていないとキャッチできませんでした。海外の雑誌で目にしたスタイル、映画で観たファッションへの興味を入り口に、自分の中でイメージを膨らませていました。なんでも簡単に手に入らない分、イメージを実現するために何が必要なのかをよく考えていたことが訓練となり、今の自分があるのだと思います。

今は何もしなくても情報が入ってきます。街のそこかしこに最新のアイテムが並び、インターネット上にはファッションに関する膨大な情報が溢れています。誰もが、容易に〝おしゃれっぽく〟装うことができる時代です。「今、買うべきブランド」「トレンドのコーディネート」など、情報がたくさんあるということは便利な反面、落とし穴があります。ブランドやショップにお膳立てされた環境に慣れ、飲み込まれていることに、気づくこともできない、ということです。

いろいろなものが混在する蚤《のみ》の市のような環境の中から、自分に合うものを見つける力や、その好奇心が、あなたの人生をきっと変えてくれるはずです。

ユニフォームにこそ人間性が表れる

通勤ラッシュのオフィス街、ネイビーやグレーのスーツを着て黙々と歩く人の群れを見て、「みんな同じだなぁ」と思ったことはありませんか？

日本のサラリーマンの多くが着ているネイビーのスーツを、〝単なる仕事着〟、つまりはユニフォームと考え、なおざりにしている人が多いように思います。本当はその逆で、同じような服だからこそ、他の人との差がはっきりと表れるのです。定番のシンプルなネイビーのスーツを着ていながら、自分の意志、存在をきちんと相手に伝えることができるのは、服装術においてはかなりの上級者です。もちろん、ここでは個性的な髪型だとか、メガネをかけているといったことでのアピールは除外してのことです。

社会人としての良識が最も問われるのが礼服。周囲への心遣いがそこに表れる

どこで差が出るのかというと、対峙《たいじ》する相手に対して、心がこもっているか否か。かなり抽象的な表現ですが、はっきりと差が出てきます。たとえば、きちんとプレスしているのか否か。「今日、あなたに会うのに失礼のないようにしてきました」という意志の表れです。あるいは定番のレジメンタルタイを選び、色は相手の雰囲気に合わせながら、どこかに今日的な色の入ったものを選び、「最新の情報をつかんで、あなたのお役に立ちたい」という熱意をアピールする。気持ちが成功を望み、集中していれば、おのずと服装にもそれが表れるものです。

そういう人であれば、何を着るかという問題だけでなく、トイレに入ったときには鏡を見て自分をチェックするだろうし、作業をしていて着衣が乱れればその場ですぐに整えるでしょう。そうした細かな気遣いが、同じようなスーツを着た〝その他大勢〟との違いになって表れます。

こうした心の持ちようでの差が、最も表れるのが礼服です。特に葬儀のときの服装を見ると、社会人としてのマナーが身についているか否か、状況判断がきちんとできる人間なのか否かが見えてきます。ルールにのっとった服装であれば、「社会を重んじている良識ある大人」と、認識してもらえるでしょう。

葬儀は自分のためではなく、相手のために行く場であることを理解し、ご遺族に

対して失礼のないようにすることが大切です。僕が言う「自分の意志を服装で表現する上で、大切なのが周囲への気遣いだ」とは、こういうことなのです。周囲への敬いは、自らの誇りや自尊心にもつながると、僕は思っています。

ネクタイ一本からでも印象は変えられる

スーツを単なる仕事着と考えている人について、もう少し話したいと思います。「単なるユニフォーム」派には、日々の暮らしを単純に昨日の繰り返しとして捉えている、特に仕事のあるウィークデーはそう思ってやり過ごす傾向があります。

それではあまりにももったいない。「昨日の繰り返しでは決してない」と考えるだけで、結果はまるで違ってくるということを知らないのです。〝単なる〟という考えは捨てたほうがいいでしょう。

何度も言いますが、たとえネクタイ一本、シャツ一枚でもいいから、気を配ること。その日の仕事を考え、その場を想定した服装をイメージするようになれば、少なくとも「単なるユニフォーム」という考えはなくなるでしょう。特に新しいものを購入する必要などなく、持っているものの中ででも、工夫はできるはずです。

仕事着であるスーツに新鮮な空気を与えられるかどうかは、あなた自身の問題。何のために装うのかについて興味と関心を高めることからはじめてみてください。「服装に気を配るのは面倒だ」と思っている人もいるでしょう。でも、それで放棄してしまっては、いつまでたってもおしゃれを楽しむことなどできません。アンテナを張り、気を配ることによって五感が磨かれ、服を選ぶ目や着こなす力が養われるのです。それに、あなたが「面倒だ」と手を抜いていることは、周りの人にもきっと伝わっているだろうし、「仕事を任せて大丈夫かな」と、案じている人もいるかもしれません。

まずはネクタイを替えてみる、それだけでも、今のあなたにとっては大きな一歩になるはずです。今日、この場にいる自分には、どういう目的や役目が与えられているのか、それを考えた上でネクタイを選んでみてください。

たとえば、営業で一日に何人もの人と商談しなければならない場合、お得意様もいれば、取引先の人もいる。そういうときに僕なら、スーツはベーシックなチャコールグレー、またはネイビーのものを選び、商談相手に合わせてネクタイだけ替える工夫をするかもしれない。お得意様には信頼感を与えるものを、初めての取引先には自分がどういうポジションで商談に臨んでいるのかを明確にできるものを、そ

ネクタイは、あなたの目的や役割をアピールする最強のツール

れぞれ考えるでしょう。

服によって自分の役割や見せ方はいろいろに変えられます。たとえネクタイ一本でも効果を発揮します。つまり、服は自分を変える〝効果的〟なツールです。これを活用しないのは、ある意味仕事を放棄していると言っても過言ではありません。

ファッションは気持ちを高揚させるものがいい

何のために服装に気を配るのかというと、相手に失礼にならないためや、場にふさわしい役割を果たすためなどいろいろありますが、究極は自分がエンジョイするため。それが一番であるべきです。

それを着て楽しいのか、ワクワクするのか。ファッションは、ふわっと軽やかな、気持ちを高揚させるようなものがいいと僕は思っています。

洋服はもともと上流階級の社会から生まれたもので、豊かな暮らしや優雅さの象徴でした。そして戦争や災害など暗黒の時代にあっても、装いが人々を勇気づけ、生きるパワーを生み出すきっかけをつくってきたのです。自分の気持ちを安定させ、いつも理想とする世界に気持ちを戻すためにも、自分がまとう服は、自分の美

ポケットチーフ1枚で気持ちが高揚する。それがファッションの力であり、魅力である

学や理想とするイメージ、憧れを体現させたものでなければいけません。

このことに関して、すぐに頭に浮かぶのが、第二次世界大戦のときのユダヤ民族の悲劇（ホロコースト）を扱う映画における共通の場面です。ユダヤ人家族の豊かな暮らしに、ある日ナチスのゲシュタポ（秘密国家警察）がやってきて、強制的に収容所に連行していくワンシーン。連行される先は死を前提とした収容所なのに、一家の主を筆頭に妻と子供たち家族全員が身だしなみを整えます。死と向き合う覚悟をし、一張羅を身にまとう姿には、家族の誇りと自尊心が感じられるのです。

現代における装いの考え方は、ここまで重くはありませんが、それなりに存在していることを忘れてはいけないと僕は思っています。

毎日同じ服装を繰り返しているだけでは、倦怠感ばかり広がり、夢や喜びが生まれません。現実の生活はつらいことや悲しいことがたくさんあります。だからこそ、服装で心の自由が得られたら素晴らしいと思います。そして、服装が醸し出す雰囲気が、自分でも気づかない潜在意識に働きかけて、自分を変えているのだとしたら、なおさらファッションは軽やかで、夢があるものにしたほうがいいに決まっています。

CHAPTER 2

服を最強のツールにするための基礎知識

服選びの最も大切な基準は、自分自身。
理想に向かって自分を整えるために、
まず知っておかなければならないことがある

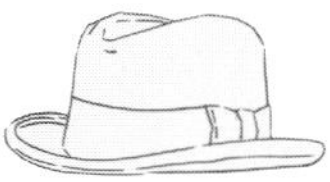

自分をきちんと把握している人はほんのわずか

服装を整えるには、まずは自分がどうありたいのかというゴールを決め、そこに向かうためにすべきことをひとつひとつ明らかにし、実行していかなければなりません。目指すべきゴールは、より具体的なほうがよいのですが、最初はあいまいでもいいと思います。とにかくゴールを設定することが大切なのです。

たとえば、収入をもう少し上げたいとか、キャリアアップしたいと思うのなら、そうなったときに自分はどうあるべきなのかをイメージするのもいいし、俳優が演じている架空の人物やあなたが尊敬している人物であってもいいでしょう。ゴールもなく、むやみに服装改善をしようとすると、つじつまの合わない服装になってしまい、無駄な買い物をすることになります。

ゴールに向けて試行錯誤することで精度が上がり、服装が洗練されてくる。仕事と同じです。目標が定められていなければ、何のスキルをアップすべきかが定まらず、結果、変わらないまま歳を取っていくだけです。それでは、あなたの人生があまりにももったいない。

さて、ゴールを設定したなら、次はイメージした自分になるために自分を知る必要があります。服を最強のツールにするためには、自分の体型を知ることがマスト。「改めて知ろうとしなくても、自分の体型ぐらいよくわかっている」と、思われるかもしれません。でも、わかっていない人が意外と多い。特に服装で損をしている人は、ほぼ100%自分の体型をきちんと把握していません。

体型を把握することは、服装を整える上で重要な「適正サイズ」を知ることにつながります。自分は背が高いのか、低いのか、やせているのか、太っているのか、全体の雰囲気に直結する視覚的な要素を確認し、さらに体型の特徴にも目を向けること。いかり肩なのかなで肩なのか、姿勢は反っているのか猫背なのか、標準よりも太ももが太い、おしりが大きいなど、細かな体型の特徴が、実は着こなしに大きく影響しています。

サイズを合わせて買っているのに、なぜかしっくりこない、ビシッと決まらない、というときには、体型の特徴が原因である場合がほとんどです。体型を把握せずして、ゴールには決してたどり着けません。無駄な買い物をしないためにも、まずは体型チェックをしてみてください。

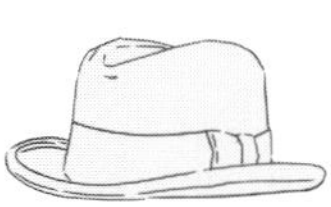

後ろ姿に落とし穴がある

体型をチェックするときに、どうしても自分ではチェックできないところがあります。それは「後ろ姿」。洋服屋さんによっては三面鏡があるところもありますが、そんなところを探してわざわざチェックすることはなかなかできないので、ここは身近な人に見てもらうのがベスト。自分では見られない後ろ姿、さらに特徴やクセを見てもらい、自分で把握できると解決策になります。

さらに言うなら、動いている姿を動画で撮ってもらうのもおすすめです。僕は、後ろ姿や横からのショットをカメラでよく撮影してもらいます。特に歩いているときの後ろ姿は自分では絶対に見られないので、写真や動画に撮ってもらうととても参考になります。自分では意識して姿勢を正しているつもりでも、猫背になっていたり、妙なシワが服に出ていたりと、いろいろな発見があり、改善点がしっかりわかります。

人間の体はどこかしら左右アンバランスなので、顔や体が右と左で見え方が違うのは当然のこと。右からだとどう見えるか、左からだとどうか知っておくのも、自分をどう見せるかを考える上で必要になってきます。女優さんが「私の写真を撮るときは、右側からじゃなきゃダメ」というように指定すると聞きますが、それは自分の見え方をよく知っているから。３６０度、自分がどう見えるか知っている人は鬼に金棒です。

たとえば、床屋さんが、その人のつむじの向きや髪質、髪のクセに合わせてカットしてくれるのに対して、自分のことをよく研究し、どう見えるかがわかっている人なら「僕はここがこうなっているからこうしてください」と指示が出せます。「なるほど。そう言われてみるとそうですね、じゃあこうしましょう」となって、より一層自分の理想のヘアスタイルに近づけることができます。服選びも同様で、「自分は体型がこうだから、こういうものが欲しい」とあくまで自分が主体となって、プロのサジェスチョンを受けられるようになるといいでしょう。

自分以上に自分を知っている人はいません。自分にとって最適なファッションアドバイザーは自分でなければならないし、そうあるべきなのです。そのためには、正面だけでなく、側面、背面などさまざまな角度からの〝自分の見え方〟を知っておくことが大切です。

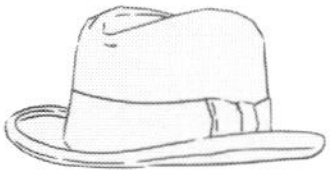

自己分析チェックポイント

❶背丈	□高い　□低い
❷体型	□やせている　□太っている
❸肌の色	□浅黒い　□白い
❹髪の色	□黒い　□茶色い　□白い
❺肩幅	□広い　□狭い
❻肩	□いかり肩　□標準　□なで肩
❼胸	□鳩胸　□標準
❽胸板	□厚い　□薄い
❾姿勢	□反りぎみ　□猫背ぎみ
❿脚	□太ももが太い　□O脚

左記に加え、好きな色やデザイン、「こうありたい」と憧れるスタイルについても考えてみる。自己分析に加えて、第三者の客観的な意見にも耳を傾けること。自分では気づかなかった長所や短所を指摘してもらえることも。自己分析を行うことで、下記のような、長所を強調し、短所をカバーする服選びができる。

体型別対策例

例❶）背の低い人には、ジャケットの下襟（ラペル）がワイドなジャケットなど、上半身にボリュームがあるものは背の低さを強調してしまうのでNG。

例❷）太った人は、細く見せようとしてシングルタイプのジャケットの小さいサイズを選びがちだが、恰幅の良い体型を活かすことを考えてダブルのジャケットに挑戦する。

例❸）胸板が薄くやせている人は、2ボタンのシングルジャケットのようなVゾーンが広いジャケットにベストを合わせて着ると、胸に厚みがあるように見せることができる。

合わないことを服のせいにしてはいけない

「体型を把握せずして、ゴールには決してたどり着けません」と先に書きましたが、体の特徴、クセには、特に注意してください。これが着こなしに大きく影響します。その最たるものが服を着たときに出るシワです。

既製服は、ご存じのとおり標準的な体型に合わせて作られています。サイズのバリエーションはあるものの、クセのない体型が基準なのですから、いかり肩の人が着れば、出るはずのないところにシワが出てしまいます。こうした場合、ほとんどの人が「サイズが合っていないんだな」と、ワンサイズ大きくしたり、別のデザインのものを選んだりします。「服が自分に合わない」というのです。こうした勘違いをしている人がまだまだ多いようですが、問題があるのはその人自身で、服のせいではありません。

上半身が後ろに反りぎみの反身体の人は、ジャケットの前身ごろには「ハ」の字、背中には帯状のシワが出ます。逆に、前かがみになっている屈身体という体型の人は、上着の前は布が余って下がってしまい、後ろがはねるようになってしまい

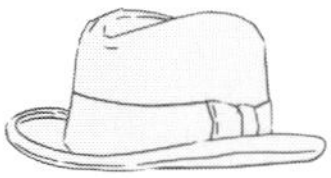

ます。「この服、着丈が足りないんじゃないの」と思ったときは、着丈が足りないのではなく、自分が前かがみの体型だということに気づくことが大切です。

試着したときに、前だけでなく、横や後ろもしっかり見て、変なシワがよっていないかチェックしてください。そして直せる服なら、自分の体型の特徴やクセをカバーするようにしてもらうこと。面倒だからと、適当な試着をしていたのでは、いつまでたっても自分に合うスーツを買うことはできません。周りから「背中に変なシワが出てるぞ。そのスーツ、どこで買ったんだ」と指摘され、恥ずかしい思いをして、「不良品だ」と返品しようとしても、服のせいではなく体型のせいなのだから、ここでもまた恥をかくことになりかねません。

こんな例もあります。スラックスのセンタープレスがいつも外側に曲がってしまう人がいました。「プレスが曲がってるんじゃないの」という指摘を受けたその人は、クリーニング店に文句を言いに行きました。しかし、原因はクリーニング店のミスではなく、その人がO脚だったためにラインがまっすぐストンと落ちなかったのです。こうした場合には、スラックスのサイドの縫い目を広げるお直しをしてプレスラインを調整することができます。自分の体のクセを理解していさえすれば、服やクリーニング店のせいにすることもなく、自分にフィットする服を着ることができるのです。

本当なら購入するときに、販売する側がきちんとアドバイスすべきですが、売り場に優秀な販売員がいるとは限りませんから、やはり自分で注意して気をつけるしかないでしょう。もし自分の体型のクセがわかっていたら、売り場で自分の体型に合うモデルのものを探してもらうことができるし、どうしてもなければパーソナルオーダー（イージーオーダー）で合わない部分を調整してもらうという選択肢もあります。

「いつもこの部分にシワが入るけれど、毎度のことだからしかたない。こんなもんでいいかな」と妥協して買うのはもうやめましょう。そんなことをしていると、永遠に自分に合う服に出会うことはできません。

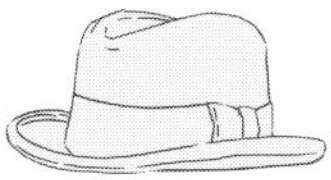

見逃してはいけない不要なシワ

試着時には不要なシワがないかどうかをチェックすること。不要なシワというのは、デザインやサイズがあなたの体型に合っていないために出るシワ。こだわって選んだ服であっても、不要なシワが出ているときは、服装すべてを台無しにしてしまうので買わないほうがいい。

不要なシワの主なものは以下のとおり。

□**たすきジワ**（前肩、いかり肩、鳩胸の体型に発生）
肩の前面にたすきをかけたような形状で斜めによじれて発生するシワで、肩先がつかえて腕が前に出しにくい

□**つきジワ**（反身体、前肩、いかり肩の体型に発生）
背襟の下に背縫い線と直角に横向きに出るシワ

□**襟の逃げ**（反身体、いかり肩の体型に発生）
襟が浮いたような状態になる

□**背の引けジワ**（反身体、いかり肩の体型に発生）
背中の上方向に段々になって発生するシワ

□**抱きジワ**（なで肩、背幅が広い体型に発生）
背がひっぱられているように斜めに発生するシワ

□**背脇の斜めジワ**（屈身体で発生）
背中央から脇下に向かって斜めにひきつれたシワ

□**スラックスの折り目の逃げ**（O脚、太ももが太すぎる場合に発生）
センターラインが横にはねてしまう

〝サイズ感〟という概念

服を選ぶときの基準であるサイズ。ここまでにも「サイズ」という言葉は何度も出てきましたが、改めてサイズについて考えてみましょう。

僕が服、特にビジネスシーンにおけるスーツを選ぶときに重要だと思っているのは、フィットするかどうか。それは自分の体にフィットする、しないだけでなく、時代の流れ、今日的なフィット具合なのかどうか、ということです。特に後者については、よく〝サイズ感〟という言葉で表現します。「ちょうどいいサイズ感」「これぐらいのサイズ感で着るのがいいですよ」などという言葉を耳にされたこともあるでしょう。日本語として適切なのかは定かではありませんが、〝サイズ感〟という言葉に含まれているニュアンスについて、ここでは説明したいと思います。

あなたが常日ごろから決めているサイズが「A」だとします。気に入ったデザインのスーツを見つけ、あなたは「A」というサイズを試着します。着てみると、まさに体にぴったり。「ちょうどいい」と、即購入を決めます。良い買い物をしたと大満足のあなたでしたが、ここにひとつ問題があります。

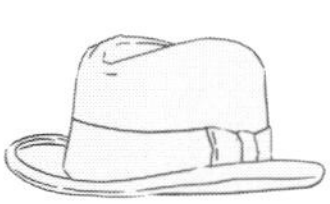

あなたは試着したとき、試着室の鏡の前でだけ立っていたのではありませんか？試着した時間帯は食事の前ではありませんでしたか？　ここで問題なのは、運動量について、すっかり忘れて購入してしまったこと。「ファッションはがまん」と言う人もいますが、ビジネスの場で着用するのですから、動きやすくなければ仕事に支障をきたしてしまいます。動くことを考えた、ほど良い余裕は、着こなす上では重要です。

たとえば、スラックスはウエストがぴったりしたものを選びがちですが、僕が販売員として売り場に立っていたときは、お客様にベルトをしめてまっすぐ立っていただき、背に指2本が入るくらいのゆとりがあるものをおすすめしていました。そうしないと、しゃがんだときにお尻がぴったりになりすぎて、生地がすり切れて傷んでしまいます。

また、よく体型が変わる人なら、多少のゆとりが必要になります。「今はやせているときですか？」「わりと太りやすいですか？」と質問をし、ウエストサイズが頻繁に変化する人なら、ウエストを少しだけ大きく直すようにしていました。時間はかかってしまいますが、僕はプロとして直すことをおすすめするよう心がけていました。

試着室ではふだん自分が生活の中でよくする動きを再現してみましょう。そして、自分のライフパターンに合わせた動きやすいものを選ぶこと。自分にとっての適切なサイズをどう選ぶか、これは経験で決めていくしかありません。

どんどん試着すればいいのです。そうする中で信頼のできる店、販売員に出会えるでしょうし、自分が求めている〝サイズ感〟がどんなものなのかがわかるようになるはずです。

既製服のメリット、デメリット

既製服のメリットは、流行が取り入れられ、限りなく〝今日化〟されていて完成度が高いことです。そして、価格と品質のバランスがいい。生産時にチェックを受けて出荷されているので、商品としての品質が安定しています。また、オーダーメイドのように、注文してから完成まで1～2ヵ月待つ必要もありません。すぐに手に入る、という点では、非常にお客様寄りである、というのも魅力です。お直しをする場合でも、オーダーメイドほど時間がかかりません。

こうした条件で考えると、実は既製服の中から自分の体型に近いものを選べる人

たとえデザインが良くても、体にフィットしなければ無駄な買い物に終わるだけ

が、一番満足度が高いと僕は思います。ごく一般的な体型の人(ボリュームゾーン)があてはまるサイズについては、新しくて素敵なデザインのものが次々と発表され、選択肢が広いのが既製服の良さ。

こうしてメリットを並べてみると、既製服のパターンができるだけ多い店を見つけて、その中から選ぶのがベストなのかもしれません。なぜなら、まだでき上がっていない目に見えないものを買うオーダーメイドと違い、既製服なら、すでにあるリアルな商品を手に取り、着て、確かめられるからです。

デメリットは自分の体型にぴったりではないということ。だからといって既製服がオーダーに劣るとは僕は思っていません。「どうしてもハイブランドの、あの服が着たい」ということなら、究極は、その服に自分の体型を合わせればいいのですから。

身長や脚の長さは変えられないにしても、肉づきや姿勢は努力によって変えられるのですから、がんばってその服が入るような体型を目指すのもいいでしょう。自分の体型をできるだけ標準型に近づけて、たくさんの選択肢の中から選べるというのは、誰もが理想とするところ。服がきっかけで、体型を改善しようと思うのならば、それもまた服のチカラであり、エネルギーなのだと思います。

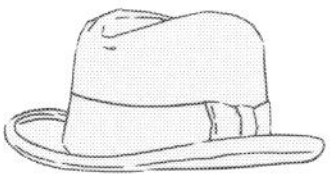

スーツ（既製服）のサイズの見方

日本のメーカー、ブランドが商品として販売しているスーツは、JIS（日本工業規格）で定められている。胸囲、体型、身長の３つを組み合わせた三元表示により細かく分類されており、自分の体型により近いサイズを選ぶことができる。この、JISが定めたものを基準として、各メーカー、各ブランドごとにサイズ構成をしているので、商品のサイズ構成を確認する必要がある。

（例） **94 AB 4** とサイズ表示の場合
❶ ❷ ❸

- ❶94＝胸囲寸法　❷AB＝体型区分　❸４＝身長記号
- 胸囲94cmくらいの人向けの商品。胸囲寸法は２cm間隔で84cmから106cmまで設定されている。このサイズで小さい場合は、１サイズ上の96cmを、大きい場合には１サイズ下の92cmのものを選ぶとよい。
- JISで決められた体型区分を示しており、ＡＢは胸囲と胴囲の寸法差が10cmの体型。寸法差が20cmのＪから、寸法差がないＥまで10段階に分けられており、基本的には寸法差が大きいほど痩身、少ないほど肥満体型とされている。日本の平均的な体型区分は以下のとおり。

体型区分　胸囲と胴囲の差（ドロップ）を表示

体型	J	JY	Y	YA	A	AB	B	BB	BE	E
ドロップ量（cm）	20	18	16	14	12	10	8	6	4	0

JISでは身長も記号化されており、５cm間隔で身長に対応した数字がつけられている。４は「４号」で、身長165cmを指す。

身長記号

記号	3	4	5	6	7	8
身長（cm）	160	165	170	175	180	185

お直しできる人とできない人がいる

服に自分の体を合わせろ、という極端な話はさておき、既製服であっても、若干のサイズ調整はできます。ただし、できないものも中にはあるので、必ず販売員に確認してください。

そもそも、既製服は生地代を節約するために、縫い代が2センチくらいしかないのが普通です。つめる場合ならいいのですが、縫い代を出すとなると、1・5センチずつ出しても、最大3センチしか大きくできません。それ以上のお直しになるときは、パーソナルオーダーやオーダーメイドという方法で対応することになります。

ちなみに、パーソナルオーダーとは、ベースとなる型紙があり、それを微調整しながらフィットする形にしていく注文服のこと。型紙がすでにあるので、工場で縫います。オーダーメイドは、その人のために型紙から作製し、職人さんが手縫いで仕上げる注文服で、価格は30万円くらいから。パーソナルオーダーの倍になります。スーツを多く扱っている店なら、パーソナルオーダーに対応するサービスがあ

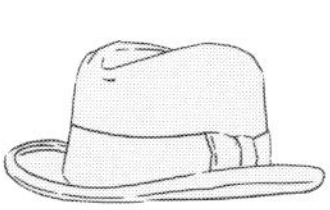

るはずです。店やブランドによって、イージーオーダー、パターンオーダーなどさまざまな呼び名がありますが、既製服に準ずるものという位置づけになります。

話をお直しに戻しますが、既製服で直しが難しい場合があります。たとえば体重が極端に重い人、またはスポーツ選手などで極端に筋肉がついている人です。太ももの筋肉が発達している人は、全体の体型に合わせたスラックスでは太ももが入らなかったり、入ったとしても太ももの部分に横ジワが入り、センタープレスがずれてしまうでしょう。スラックスの縫い代を広げるのには限界があるため、こういったケースでは既製服をお直しするのでは対応できません。

また、お直しができるところとできないところがあり、ウエストは調整の範囲でのお直しはできますが、ヒップラインは最初から直すことを想定していないので、お直しができない。お尻に特徴のある人は、パーソナルオーダーで調整するか、最初からお尻の形に合わせて作るオーダーメイドをおすすめします。

ジャケットの丈や幅のお直しも、デザインやポケットの位置によってできない場合があります。既製服をお直しする場合は、あくまでもその完成度を崩さない範囲にしてください。

オーダーメイドのメリット、デメリット

オーダーメイドは、自分の体型に合わせて服を作るので完璧だと思いがちですが、オーダーメイドにもデメリットがあります。

まずメリットは、言うまでもなく、自分に100%合わせた服が作れること。デザインには自分の要望を反映できるし、生地やボタンも好みのものを選ぶことができます。さらに、オーダーメイドの場合は、体型が変わったときのお直しを見据えて、縫い代部分の生地にもゆとりがあるので、体型が頻繁に変わる人にはおすすめです。先にも書きましたが、既製服の場合は、お直しできる場合とできない場合があるからです。

さて、デメリットですが、それはズバリ、コストが高いということ。工場で大量生産できる既製服と違って、職人が一着一着手作りするため、費用が既製服の2〜3倍にもなってしまいます。また、人間が手で作るので、微妙に不均一になってしまうことがあるのも事実で、同じ型紙を使っても、職人さんによってでき上がりに違いがあり、機械のように均一にはなりません。

着心地、フィット感、デザインを追求した究極の１着をオーダーメイドで手に入れる

また、初めから計算されたバランスで作られている既製服に比べ、その人の体型ありきで作るため、今日的な空気をうまく取り入れられないケースもあります。とは言っても、その人が求めるシルエットや色、素材、デザインに従って作られるのですから、納得できる一着になれば、今日的でないことはデメリットではなくなりますし、信頼できるテーラーがあれば、最大限あなたの魅力を引き立てる一着を作ることができるはずです。

さらに言えば、オーダーメイドは、単に体に合う服を作るためのものではありません。僕が考える「色褪《あ》せない究極のオーダーメイド」とは、〝自分が着たいと思う服〟〝自分が目指す服〟を実現し、それに自分の体を合わせること。ロマンを持って着るためには、そうした努力も大切だと僕は思っています。

CHAPTER 3

服の目利きになるためのメソッド

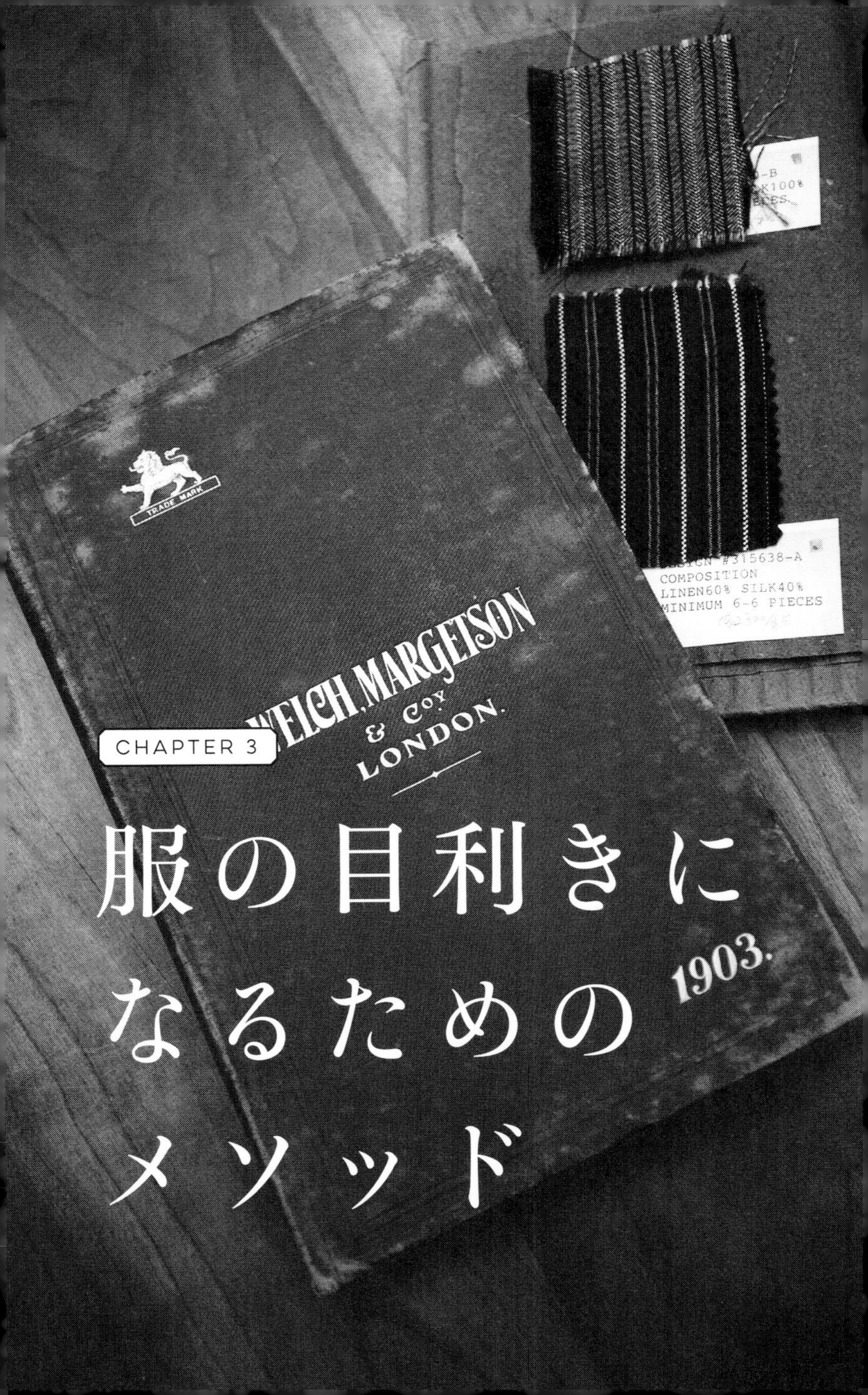

ファッショナブルより、スタイリッシュを目指す。
大切なのは、その人らしく輝くこと

最初の第一歩は真似から。服を選ぶプロセス

ここまでで、自己分析して自分に似合うスタイルは何かということをつかんでいただけたでしょうか？ さぁ、いよいよ買い物です。まだ、「どうしていいのかわからない」というのなら、真似をすることからはじめてください。〝なりたい自分〟に近い人、あるいは格好いいと思える人を見つけましょう。誰かの完全コピーであっても、その人を選んだ理由が必ずあって、そこから自分らしさを追求する糸口がつかめるはずです。最初の一歩なのですから、真似をしようと思うだけでも、大きな進歩といえます。真似はよく観察することからはじまるのですから。

一番入りやすいのは、雑誌やショップの新作カタログから自分が好きなスタイルを見つけること。モデルや映画俳優、ミュージシャンなどの服装を細かく何度でも観察できるという点で、雑誌やカタログをおすすめします。「こんな服が好きだ」とか「こんな服装をしたい」など、目標を設定するためのイメージをつかむきっかけにもなります。

目指すべきイメージには、「自分にもできそうだな」というものを選んでください。それが自分に似合うかどうか考えたときに、ゴールが遠すぎると挫折してしまうからです。

目標を定めたら、次はいよいよショップに足を運びます。イメージに合う服を実際に見て、試着してみましょう。写真で見るのとは風合いや色などが違うと感じたり、着てしっくりこないこともあるので、試着せずに買うことは厳禁です。

思い描いた通りの服を見つけたら、多少背伸びをした感があっても、ぜひその服にチャレンジしてみてください。最初は照れくさくても、着ているうちにだんだん自分になじんでくるはずです。

雑誌を見る　↓　自分に似合うか考える　↓　店で現物を確かめる　↓　試着して似合うかを確認する。これが、僕がおすすめする、服を選ぶプロセスです。

普段見ない雑誌を参考にする

雑誌を見るときには、数誌に目を通すようにしてください。同じようなテイストのものではなく、ファッショナブルなものとコンサバなものの両方をチェックしてください。おしゃれすぎて、自分には合わないと思うようなものも、あえて見るよ

実物を見て試着する、このプロセスなくして自分に合う服を手に入れることはできない

うにすること。そういった雑誌を買うことを躊躇《ちゅうちょ》するなら、立ち読みするだけでも充分です。とにかく最初は視野を広くして、選択肢を広げるために、さまざまなスタイルを見ることが大切です。

最近ではビジネスマンのためのスタイルブックも数多く出ているので、そちらを一冊買ってもいいでしょう。また、ブランドやセレクトショップの店頭にあるカタログも、最新アイテムのコーディネートがのっているので参考になります。

情報を集める意味でいうと、自分の世代向けの雑誌だけでなく、若い世代をターゲットにした雑誌を見ることもおすすめします。トレンドに敏感な世代向けの雑誌は、実際に取り入れるかどうかは別にして、あなたにヒントを与えてくれます。シップスなど、セレクトショップのフリーペーパーには、トレンドを独自に解釈したコーディネートの提案があるので、異なるブランドをひとつの空気感でミックスしている点で参考になるでしょう。

とにかく真似をするなら、まずは情報収集から。たくさんの情報にふれているのか、いないのかでは、その後の進歩がまったく違ってきます。特に「自分の中にない情報」を集めるためにも、雑誌を限定せずに、興味の範囲を広げること。そうすることで服装が変わり、あなた自身の心を豊かにもしてくれるはずです。

2シーズン続けて着ればコツがわかる

さて、目指すスタイルが見つかったなら、いよいよショップに行って買い物をする段階です。最初は無理をせず、雑誌やカタログの切り抜きをお店に持っていき、「これと同じものをください」、もしくは「こんな感じで揃えたいんです」と販売員に話してみるので構いません。

具体的なイメージを伝えると、お店の人もどういうものを求めているかがわかるので、何をすすめるべきか判断できます。切り抜きは、いわばあなたとお店の人とのコミュニケーションツール。実際に、そういったお客様がたくさんいらっしゃるので、「切り抜きを持っていくなんて、何もわからない人みたい……」と恥ずかしがることはありません。安心してください。

そうして、2シーズンそっくりそのまま真似をすれば、基本の型が身につくでしょう。買った年に着て、翌年にもう一度着てみる。すると、最初の年はいかにも借りもののように見えていた服が、ワンシーズン経過することで、自然に自分になじんできます。

前の年に買ったものを改めて見て、何か感じるものがあれば、それはあなたが成長した証拠。放っておいても、自分らしい着こなしができるようになります。ファッションセンスがいい人は、そういうことを何年も続けてきて、基本形をいくつも習得し、着こなしを身につけています。

さて、基本形をマスターしたら、あとはどんどん進歩します。ここで注意しなければいけないのは、基本形ができていないのに、見た目だけ真似して、わかったつもりになってしまうことです。繰り返しになりますが、初心者なら、まず基本形を身につけて、そして基本形ができるようになってから自分なりのアレンジを加えていくことが自然と思われます。

ただし、これはあくまで自分のスタイルを見つけようという意欲があることが前提です。面倒くさいから、何かを完全コピーしてそれでお茶を濁そうという人に、自分らしく表現する力はつかない、と思ってください。

価格を判断基準にしてはいけない

「服は値段が高いか安いかという物差しで選んではいけない」

僕がそう言うと、たいてい「値段も見ずに買えませんよ」と反論されます。でも、「値段も手頃だしこれにしよう」とか「値段が高いからきっといいものだろう」と、単純に値段で服の良し悪しを判断している人が多いのも事実。「高い」「安い」の物差しで服を選ぶと、服の本質を見誤る危険性があるし、そこにとらわれていたのでは、いつまでたっても〝目利き〟にはなれません。

確かに、価格は選ぶ際の目安になりますが、それがすべてではありません。デザインに凝っていることが価格に反映されている場合もあるし、生地代、あるいは縫製の工賃にお金がかかっている場合もあります。単純にブランドのネーム料ということもあります。逆に価格は手頃なのに、その倍の価格のものと同じレベルのものがあることも。要は、価格はひとつの物差しでしかない、ということです。

服を選ぶ基準はあくまで値段ではなく「自分自身」。ものを選ぶ基準、軸をきちんと持つようにしましょう。そのためには、いろいろなものを見て、自分なりに情報を整理しておく必要があります。情報として必要なのは、〝なりたい自分〟に必要な服はどんなデザインで、どんな色なのか、品質的にはどんなものなのか、体型には合うのかなど、「自分」についての情報で、それがベースとなって初めて、本当にあなたが買うべきアイテムを選べるようになるのです。

自分自身の情報が整理できていないまま、「これは高かったからいいはずだ」「トレンドのブランドで買ったから、きっとおしゃれになる」と思って買い物をすると、「なんか違う！」ということになりかねません。無駄な買い物をしないためにも、価格だけでものの良し悪しを判断してはいけないのです。

服は値段ではなく、「自分」に合うかどうかを最優先にして選ぶこと。値段やセールストークではなく、自分がどう感じるかを大事にして、どうしても迷ってしまうときは、よりベターなほうをとるとよいでしょう。

余談ですが、販売する側は市場で売りたい価格帯を最初に決めています。たとえば6万円でスーツを売りたいとなったら、その価格帯で生地や縫製を考えていくことになります。高い技術の工場で縫っていても、形が良くなければ完成度が高いとは決して言えないし、高価な生地を使っていても技術の低い工場で縫っていたとしたら、〝らしさ〟は出ません。

縫製の良し悪しで作りに差が出るスーツの場合、生地の品質をとるか縫製の技術をとるかは、判断の分かれるところ。人前に出ることが多いのなら生地優先、デスクワーク中心ゆえ着心地の良さを求めるのなら縫製優先、といった具合に、自分自身の中に選ぶ基準がないと、買い物に失敗してしまいます。

スーツは、見えない部分にも価格の差が隠されている

また、価格には服の中身、つまり表から見えない裏地や芯地などの服を作るためのパーツのグレードが反映されていることも覚えておいてください。

こんなふうに、服のことを知れば知るほど、価格で判断することがいかに意味のないことかがわかってきます。ただし、本当にクオリティの高いものが、極端に安いことは、残念ながらほとんどありません。

店に足を運ぶほどセンスは養われる

服を選ぶときは、必ず店に足を運んでください。今はネットでも簡単に服を買える時代ですが、ファッションセンスを磨きたければ、店に出向き、見て、さわって、リアリティを感じてほしい。そして、どんどん試着してみてください。

自分の五感を通過したものは、必ず感性を養う材料になると僕は思っています。好き嫌いに関係なく、いろいろなものをバランス良く摂取していると、それが自分の栄養になって、健康な体をつくることになるのと同じです。

「店に行くと、販売員が寄ってきて買わされてしまいそうで嫌だ」という人もいますが、そういうときは店に入らず、ショーウィンドウをチェックするだけでも参考になります。街にも出ない、店にも行かない、まったく行動しない人は、時代の早い流れに取り残されて、どんどん孤立するだけ。そんなことでは、服はもとより、仕事や恋愛、そして人生そのものを謳歌《おうか》できないでしょう。そんなふうにして、人生を無駄にしてほしくはないと僕は思うし、そうならないことを願っています。

話をもとに戻しましょう。「インターネットでファッション情報をチェックしているから、わざわざ店に行かなくても大丈夫」という人もいますが、インターネット上にあるのは売れ筋商品がほとんど。こだわって検索をしないかぎり、そこに出てくるのは流行り廃りの激しい商品ばかりです。ピンポイントで「これが欲しい」というときは良いのですが、感性を磨きたいときには現物を見るのが一番です。

そう、店に行くメリットは、自分が目的としていたもの以外のものと出会えることです。「雑誌で見た服を買おうと思って店に行ったら、そこにあったディスプレイに心が動いて、結局そっちを買ってしまった」、という経験は誰にでもあるはずです。店に行くからこそ新しい発見があり、興味の範囲が広がる。まさにそれが大切なのです。

店内に足を踏み入れたなら、服だけにとどまらないさまざまな情報を得ることができます。そして、店頭に並ぶ商品やディスプレイ、お店の人の服装だけでなく、そこに流れている音楽、香りなどお店の空気感を体感することでセンスは確実に磨かれていきます。さり気なく飾られている壁の額の中にも着こなしのヒントがあるのです。五感をフルに活用し、あなたの感性を磨きましょう。

［店での選び方 その1］ 世界観を持参する

「買い物に行くときには、雑誌やカタログの切り抜きを持っていきましょう」と先にも書きました。この、〝あなたが目指している世界観〟を伝えると、買い物はぐっと楽になります。

販売員はプロなのですから、その人に似合うものをいくらでも取り揃えて提案することができます。ただし、すすめられたものが、あなたの気に入るものとは限りません。販売員が客観的にあなたを見て似合うものをすすめたとしても、あなたが気に入らなければ、意味がなく、ただ時間を浪費するだけです。

販売員は、プロであればあるほど、お客様の世界観を実現しようとします。あなたが「ネイビーのジャケットが欲しい」と言えば、あなたの姿、その日に着ている服の雰囲気から察して、似合うものをすすめてくれます。でも、実際には、単にネ

ショップのディスプレイは、あなたの五感を刺激し、センスの源を与えてくれる

イビーのジャケットと言っても、素材の質感、シルエット、ネイビーの色具合と、バリエーションがあります。ですから「ネイビーのジャケットをこういうふうに着たい」という世界観があれば、それが手がかりとなり、店にある中で最適なものをおすすめすることができるのです。

買う側も販売員の言うなりになって買っていたのではつまらない。プロと一緒に自分も参加しながら、具体的に世界観を実現していった結果がこの服だ、という選び方をしていけば服選びは楽しいし、達成感も生まれます。

［店での選び方 その2］ 比較する

店に行ってあれこれ洋服を選んでも、すぐに買わなくていいと僕は思います。店に行くというアクションを起こし、そこでプロと一緒に選んだら、少し「間」を置くといいでしょう。「今日はちょっと時間がないので、また改めて来ます」とか「少し考えさせてください」と言って店を出て、いったん頭を冷やす。そして必ずほかの店も見て比較し、情報を収集するのです。

これは売り手側としてはあまりしてほしくない行為ですが、あなたのファッションセンスを磨くために、あえておすすめします。

見れば見るほど悩むでしょう。迷って決められなくなってしまうかもしれません。でも悩むことが重要なのです。「悩む」とは、物事を精査して緻密《ちみつ》に決定しようとするとき生まれる意識作用であり、悩むことで装いに関する意識や感性が磨かれていくのですから、服についてあれこれ悩む時間が多ければ多いほどいいと僕は思っています。

「比較する」という意味では、単一のラインナップで構成されているブランドショップよりも、さまざまなブランドをピックアップしているセレクトショップを見てまわることをおすすめします。〝今日的〟な流れを編集し、アイテムを集めているセレクトショップは統合的な表現の源。スーツに関しても、シーズンごとのコンセプトのもとにさまざまなバリエーションを揃えています。

そして、セレクトショップ1店で満足するのではなく、数店見てまわり、試着をしてみること。また、ディスプレイのスーツ、ネクタイ、シャツの組み合わせ方も、セレクトショップごとにテーマがあり、これをチェックするだけでも参考になります。

［店での選び方 その3］ 検討する

ショップの店内は、服の魅力を最大限に伝えるよう緻密に計算されたディスプレイや照明、レイアウトになっているので、つい衝動買いをしてしまった、という経験が誰にでもあると思います。そうならないために、自分と服との間に時間を置く、つまり「間」を置いてください。本当に自分に必要なのかを熟考するのです。これが買い物を成功させるためのポイントです。

自分が持っているワードローブを思い出し、どう組み合わせるのか考えてみる。着ていく場所を考えて適当かどうか、自分が追求している世界観にマッチしているのか、値段に見合った品質なのかなど、冷静になって考えるべきことはたくさんあります。それが、たとえたった一本のネクタイや一枚のシャツであっても、真剣にコーディネートや用途を考えるプロセスが、服装に対するセンスを深めてくれるのです。迷ったり悩んだりすることで完成度の高い買い物になるでしょう。

「今買わないと、売れてなくなってしまうから」、と焦る必要はありません。気分で買わず、条件から判断すること。頭と心で考えることが重要なのです。

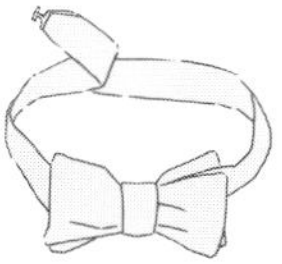

[店での選び方 その4] 一流の店で一流の人から買う

店舗での選び方に慣れてきたら、〝一流〟と言われている店に行ってみてください。誰もが〝一流〟と認める店には、一流のものがあり、一流の販売員がいます。一流の販売員は、ただ服を売っているのではなく、装うことの楽しさを教えてくれる最強の先生です。豊富な知識を持ち、会話を通してあなたが求めているもの、必要なものを察し、的確なアドバイスをくれるでしょう。

〝一流〟と言われるには、それだけの理由があります。上質なものに触れ、〝一流〟ならではのクオリティを実感することは、必ずあなたのプラスになります。そして、販売員とのコミュニケーションは、きっとあなたの世界を広げてくれるはずです。買う買わないにかかわらず、店という現場に足を運び、そこで情報を得るということが必要です。僕も店に立っていたので、販売員の気持ちがよくわかるのですが、密にコミュニケーションがとれる相手には親しみがわき、一肌脱ごうという気持ちにもなるものです。もちろん、忙しそうであれば遠慮はすべきです。大人の常識の範囲を忘れないことも、〝一流〟と呼ばれる店に行くには必要なのです。

スーツを選ぶなら最低でも7万〜8万円のものを

ここでは、僕が考える、初心者のためのビジネススーツについてお話しします。ビジネスシーンで、あなたに自信を与え、後押ししてくれるスーツを買おうと思うのなら、7万〜8万円、あるいはそれ以上のスーツを買ってください。

「服を価格で選んではいけない」と先に書きましたが、スーツにおいては、正規の値段で7万〜8万円のものでないと、満足のいく品質である保証はないといえます。生地、縫製、そして表からは見えない芯地などのパーツ、これらが良質でバランスよく保たれていることが必須条件。たとえば、コストを抑えるために本来Aという芯地を使うべきところを価格の安いBにする、縫製の工程を省く、もしくは工賃の安い工場に出す、ということで品質のバランスが崩れてしまいます。つまり、スーツはごまかしの利かないアイテムだということを知っておいてください。

スーツは、定番のデザインになればなるほど品質の差が出ます。最低でも3シーズン着られるクオリティを求めるのなら、同じようなデザインであっても、7万〜8万円で、より品質の良いものを選んでください。

縫製にもこだわる、それが大人の男のスーツの選び方

ただし、こうした背景を理解した上で、何を優先するのかはあなた次第。たとえば、イタリア製の上質の生地を使っているが縫製は工賃を抑えることができるアジアの工場で作ったスーツと、決して極上の生地とはいえないけれど、技術に信頼のおける国内の縫製工場で作られたスーツ、どちらを選ぶかの判断は（品質基準はクリアしているものと考える）、あなたが生地を優先するか、着心地（仕上がり具合）を優先するかによって異なります。

話を元に戻します。ビジネスツールとして最初に買うべきは、ネイビーの無地のシングルの2ボタン、または3ボタンのスーツです。2着目はチャコールグレーの無地、そして3着目にネイビーまたはチャコールグレーでストライプやチェックが入った生地のスーツを買い足していきましょう。

生地で選ぶときのポイントは織り方。同じネイビーでも縦糸、横糸とも紺で織ってあるものと、縦糸が黒で横糸が紺で織ってあるものとでは、後者のほうが色に深みが出ます。深みのある色には、知的に見せる効果があります。また、織り方によって生地の表情が全く異なるので、そこに注目して選んでみるといいでしょう。一方、縫製についての判断基準となるのは着心地ですが、試着したときにしなやかさがあるか否かで判断します。この「しなやかさ」は、着たときの動きがしなやかで

しなやかなシルエットを作る生地は、あなたを知的に見せてくれる

あるか、体にフィットしているか否かなど。単純に「サイズが合うから」「デザインが格好いいから」という理由で決めてしまうのではなく、描くイメージを効果的に実現するために何が必要か考えながら選ぶと、きっと新たな発見があるでしょう。

もうひとつ忘れてはいけないのが、機能面でのチェック。第2章でも触れましたが、特にスラックスは、運動量を考慮した上でサイズを合わせること。また、品質面でも、デスクワークがメインなら、ヒップへの負担を考えて繊細な生地は避ける、縫製がしっかりしたものを選ぶなどの注意が必要です。

最後にデザインですが、ベーシックな中に〝今日的〟な匂いのあるものがいい。ビジネスにおいて大切なことである「今の空気をつかみ、先々まで見通す」ことは、スーツ選びでも同じ。ビジネスを成功させるアイテムとして最も重要なスーツは、慎重に選んでください。

シャツはネクタイと調和するパーツと考える

シャツはそれ自体で主張するというよりは、ネクタイを支えるパーツと考えてください。繰り返しになりますが、シャツが前面に出すぎるというのは好ましくありません。まずネクタイを決めて、そのネクタイを押し出してくれるようなシャツはどれか、という選び方をするといいでしょう。僕がシャツを買うときには、持っているネクタイをチェックするところからはじめます。そして、店では、持っているネクタイを思い浮かべながら、それに合うシャツを探すのです。

シャツの持つ役割として重要なのが、ジャケットとネクタイを調和させるということです。ネイビーやチャコールグレーをグラウンドカラーとしたVゾーンの中で、ネクタイというパーツをどう見せるのかで、全体の印象はがらりと変わります。

もし、職場のドレスコードが「シャツは白」というのなら、生地の風合いにこだわってVゾーンのコーディネートを楽しむのもいいかもしれません。

光沢感のあるネクタイにはあえて織りによる表情のあるシャツを合わせて、光と影を演出する、逆にマットな風合いのネクタイに艶感のある生地のシャツを合わせる、といった具合に、思い描くイメージを打ち出すために選んだネクタイを、どう効果的に見せるかを考えれば、おのずと、どのシャツを選ぶべきかがわかるでしょう。ネクタイを強調したいのか、それともさり気なくアピールしたいのか、自分なりに考えることが大切です。

同じ白のシャツでも、あなたがこだわって選んでいることに気づく人は必ずいます。ドレスコードがあることは、同じ条件の中で周りと差をつけるチャンスです。白いシャツほどこだわりの差が出るアイテムはないのですから。

さて、シャツを選ぶ上で悩むのがカラー（襟）の形状ですが、僕は基本的にビジネススーツに合わせるシャツはワイドスプレッドカラーをおすすめします。ワイドスプレッドカラーはドレスとして、フォーマルなムードに効果的です。セミワイドカラーのバリエーションもあると便利です。

シャツはネクタイありきで考えること。ビジネススタイルでシャツが悪目立ちするようなことは、避けてください。ノージャケットのクールビズスタイルでも同じです。美しいシャツはあなたを後押ししてくれる縁の下の力持ち。スタンダードなシャツを着ることをおすすめします。

ネクタイは存在感を演出する重要アイテム

ジャケット、ネクタイ、シャツで個性を表現するVゾーンの中で、メッセージを発信する役割を持つのがネクタイ。相手に伝えたいことを、いかようにも表現でき

シャツはあくまでもネクタイのためのステージと心得る

る最強のツールです。

たとえば、スタンダードな3ボタンのネイビーのスーツに、どんなネクタイを合わせるか想像してください。ネイビーとのコントラストがくっきりと出る色や柄を選ぶと、ネクタイの存在感が強く打ち出され、それが強い意志、ポジティブな気持ちとして相手に伝わります。逆に、控えめでありたいのなら、ジャケットやシャツと同調する色や素材を選ぶといいでしょう。落ち着きのある色やスタンダードな柄を選べば、協調性や信頼感を得るのに効果的です。せっかくネクタイをしめているのですから、こうした強弱のパターンを持ち、ビジネスシーンでうまく活用しないともったいないと思いませんか。

ネクタイを選ぶ際には、柄や色が表現するものを意識して選ぶのもいいでしょう。伝統的なストライプ（レジメンタルタイ）、ジオメトリック（幾何学模様）などの模様が何を意味するものなのかを知る、あるいはパープルにはフォーマル感があるといった具合に、柄や色のルールを知ることも大切です。ネクタイの柄にはさまざまなストーリーがあり、その世界はとても奥深いのです。それを意識しながら、向かう場所、会う相手、会う目的を意識して模様を選ぶことは、自分自身をどう見せたいかを考えるプロセスにもつながります。

セレクトショップのディスプレイは、〝今日的〟なコーディネートの最良のお手本

Vゾーンには、ジャケット、シャツ、ネクタイをパズルのように組み合わせるおもしろさがあります。上級者になると、シャツとネクタイの織り方で出る風合いを合わせたり、ネクタイの柄を浮き立たせることを緻密に計算してシャツを選んだりしています。このあたりを意識して、周りの人を観察するとおもしろいですよ。

ベルトは見えないだろうと手を抜いてはいけない

ベルトは最低でも黒、茶の1本ずつは持つべきですが、案外黒1本だけ、という人が多いのも事実。「ジャケットのボタンをかけてしまえば見えないし……」などという考えは捨ててください。シャツが下着として考えられていた昔は、原則として人前でジャケットを脱ぐことはありませんでした。しかし、今は違います。決して手を抜いてはいけません。何年も前に買った黒いベルトでずっと押し通すのは、もうやめましょう。ましてや、体型の変化でピンを挿す穴が変わり、以前挿していた位置にくっきりと跡がついてしまっているのをそのまま使っているのは言語道断。「なんだかだらしないな」という印象を与えかねない行為です。

ベルトは見えるものと心得、コーディネートの邪魔にならないベーシックなもの

を選ぶようにしてください。基本はカーフ（牛革）の黒、茶で、バックルはシンプルなシルバーのものなら間違いありません。ベルトの幅は25～30ミリ。太すぎても細すぎても印象が変わってきます。

余裕があるのなら、茶の色のバリエーションがあるといいですね。基本的には靴の色と合わせます。あえてはずすのにはセンスとテクニックが必要です。バックルはゴールドでもいいですが、デザインはやはりシンプルなのが望ましいでしょう。また、季節によって替えるのもおすすめです。春夏にはメッシュベルトを、秋冬ならヌバックやスエードのものを用意しておくと便利です。ちなみにネイビーのスーツにはシルバーのバックルのブラックレザー、茶系のスーツにはゴールドのバックルのブラウンレザーのベルトを合わせると効果的です。

靴下はリブ編みの無地が基本

靴下は無地でリブ編みのものを選ぶこと。春夏なら綿、秋冬ならウールのものを用意しましょう。色はフォーマルならば限りなくスラックスと同系色を選ぶのが基本。カジュアルにする場合はコントラストをつけるといいでしょう。ぴったりと合っている人を見ると、僕は偶然とは思えないので、こだわって選んでいるのだと推測します。

靴下もベルトと同様に、あまり見えないからと手を抜く人が多いアイテムですが、そういうところにこそ気を配るのが上級者であり、対峙する相手もそこであなたの感性や感覚、社会常識をはかっていることがあるので注意してください。

靴下には、スラックスと靴をつなぐ重要な役目があるので、組み合わせるスラックスと靴の色を想定するとおのずと選ぶべき色がわかるでしょう。チャコールグレーのスラックスなら、靴下もチャコールグレーで限りなく黒に近い色を、スラックスがネイビーであれば靴下もダークネイビーとなります。

そして、間違ってはいけないのが丈です。足首丈のスポーツソックスを履いている人をよく見かけますが、ビジネススーツに合わせる靴下の丈は肌の見えない長さが基本となります。ジェントルマンたるもの、すねを見せてはいけません。

また、靴下をアクセントと考え、差し色を持ってくる手もありますが、全身のコーディネートの品格を崩さないよう配慮しなければなりません。最初は無理をせずセオリーに従い、限りなくひかえめに。それが基本です。ピンドットやストライプは、無地のソックスと同じ考え方で選んでも問題ありません。

靴のサイズはいつも同じとは限らない

僕の靴のサイズは、必ずしもいつも同じではありません。足の大きさが変化する、という意味ではなく、靴のデザインや素材によって微妙にフィット感が違うので、どのブランドでも、判で押したように同じサイズではないということです。ですから、自分のサイズを決め込まずに、買うときには必ず試着をしてベストな履き心地を追求するのが鉄則です。

その上で注意していただきたいのが、その靴を履いたときに着る服とのバランスです。デコラティブなデザインの靴と、シンプルなつるりとしたデザインの靴では、前者のほうが靴が大きく見えます。スラックスのシルエットとのバランスはどうか、靴だけが目立っていないかなど、全身のバランスを考慮した上で、選ぶようにしてください。

靴は服に合わせて、最後に選びます（靴に合わせてコーディネートする場合もありますが）。最重要課題である服とのバランスをどう考えるか、できればコーディネートを支えるものとして、比較的抑えたものがビジネスに向くと思います。また、ネイビーのスーツに明るい茶色の靴を合わせるなど、ビジネスシーンの常識からはずれるような靴選びは、避けたほうがいいでしょう。あえてはずす場合には、テクニックが必要で、単純に「アクセントになるから」と目立つ靴を履くのはよくありません。それに、色やデザインで自己主張するよりも、丁寧にメンテナンスされた美しさのほうが、よほど目を惹きつけると僕は思っています。

せっかくいい靴を履いていても、手入れされていなければ何のパワーも発揮しません。むしろ、信頼感を失うマイナス要因になってしまう。僕は週末に、必ずその週履いた靴を磨きます。きちんと靴クリームをつけておかないと革がダメになるし、スラックスの裾も汚れてしまう。忙しくて磨けなかった靴は履かないと決めています。

磨かれた靴であること。それが、履く靴を選ぶときにはずすことのできない僕のルール。何足も靴を揃えられない、忙しくて磨く時間などない、という人なら、サッと拭くだけでもいいので、靴が汚れていないかどうかのチェックをしてください。身だしなみとして大切であると同時に、メンテナンスすることで、一足の靴を長く履くことができます。①汚れを落とす、②革に栄養を与える、③オリジナルカラーを維持する、この3つがメンテナンスする上で重要なことです。

手入れされた美しい靴は、スーツの見栄えをぐっと高めてくれる

定番アイテムこそこだわって選ぶ

ビジネススタイルにおける各アイテムを選ぶ際のポイントについて書いてきましたが、少しでもあなたの参考になったでしょうか。スーツ、ネクタイ、シャツ、そしてベルトや靴、靴下まで、どのアイテムについても、具体的に「これを買いましょう」という提案はしていません。それぞれのアイテムのあり方、役割、そして選ぶ際のヒントにとどめています。

繰り返しになりますが、大切なのはあなた自身が考えて選ぶということであって、僕は考えるためのヒントを伝えているにすぎません。ヒントからインスピレーションを広げ、ちょっと視点を変えてみるだけで、あなたなりの答えを見出せるはずです。決して、難しく考える必要はないのです。

知れば知るほど、興味がわき、広がっていくのが服の世界。まずはVゾーンから変えていきましょう。「いつもと違うね」と言われれば、あなたは確実に一歩進んだことになります。そして、さらに服に関心を持てるようになるはずです。

一見するとごく普通のネイビーのスーツを着ているのに、何か違って見える人は、ネイビーを着る研究をしています。自分の価値観を持ち、自分をどう見せる必要があるのかをわかって実行している人です。同じスーツであっても、シャツとネクタイを替えるだけで、幾通りにも違った自分を演出することができます。さらにいえば、同じ色のネクタイ、同じ色のシャツでも、生地の風合いによって表情が違って見えるのも服の奥深いところです。

応用力がなければ、自分流のスタイルは作れません。目利きになるためには、数を見ること、数を着ること、それにつきます。買うときに、いつもよりほんのちょっと時間をかけて見るようにしてください。見ることで情報が蓄積され、目が肥え、無駄な買い物もしなくなるでしょう。

自分なりの買い物のルールを決めておくのもいいかもしれません。僕がいつも心がけているのは、今日性を主流に買うときには、少しでも新しいものをよく研究して買う、ということ。そして着るときは、ファッショナブルな部分には流行を、スタイリッシュな部分には自分を反映させるというルールを決めています。

THE ESSENCE OF

Styling

男の服装術のための アイテム選び

オーセンティックな服でも、
着る人の工夫や知恵次第で
新鮮さを表現することができる。
スーツのVゾーンのバリエーションと
定番アイテムのバリエーションを紹介しよう。

- □ SUIT
- □ JACKET & SLACKS
- □ BELT
- □ SHIRT
- □ NECKTIE
- □ SHOES
- □ SOCKS
- □ POCKET CHIEF

SUIT

ネイビースーツ
(2ボタン)

ジャケットは2ボタン、パンツはプレーンフロントで細身のシャープなシルエット。しなやかなウール素材(ファインサージ)。

パープルのタイで
フォーマル感を演出

淡いブルーに白い織り模様が入りストライプに見えるドビー柄のシャツに、高貴な色とされてきたパープルにシルバーのラインが入ったネクタイを合わせた。シャツとネクタイの織り柄を合わせることで、深みのあるコーディネートに。

チェックのタイは
色選びで差をつける

華やかな印象が強く、ドレスコードでNGな場合のあるチェックのネクタイだが、ネイビーを選ぶことでオフィシャルにも対応可能。ノーマルな白のシャツではなく、微妙な織り柄のあるシャツを選んでコントラストを和らげるといい。

チャコールグレースーツ（3ボタン）

毛羽立ちの少ない綾織りのファインサージ生地を使った3ボタンのスーツ。スラックスはプレーンフロント（ノータック）。

柄の組み合わせは色調を統一する

写真右・上右／クレリックカラー仕様の薄いブルーのストライプシャツにジオメトリック（幾何学模様）プリントのネクタイを合わせて。ネクタイの柄の中の白と襟、袖口を調和させ、胸元のチーフもネクタイの柄の中にある色と揃えた。こだわりある組み合わせも、落ち着いた色合いなら主張しすぎない。

柄のトーンを統一し落ち着きある装いに

写真上左／通常ネイビーが主流のピンドットのネクタイをパープルにするとフォーマル感が増す。一見するとわからないが、薄いブルーでも無地ではなく、細いラインのグラフチェックのシャツを選び、繊細なドットとチェックをスケール感で調和させた。

ネイビースーツ（3ボタン）

スレンダーなシルエットの3ボタンスーツ。スラックスはプレーンフロント。表情のあるウール生地で、存在をさりげなく主張する。

知性を感じさせる古典柄の組み合わせ

写真左・下右／1930年代のアールデコなど、古典的な柄のネクタイを選ぶことで、ダークネイビーのスーツをよりシックな印象にできる。ロンドンストライプで襟、袖口が白いクレリックシャツのストライプの色と、ネクタイのアクセントカラーをブルー系でまとめて調和を図った。

ウール素材のタイで“今日的”な装いに

写真下左／細番手（細い糸で織られている）のウール素材のネクタイは、“今日的”な匂いのする新定番。ベースカラーに明るいグレーを選び、スーツと色のコントラストをつけてVゾーンを立体的に見せた。シャツを薄いブルーの千鳥格子柄とし、全体をマイルドにまとめている。

ストライプは、
色をリンクさせる

左ページ／ストライプのスーツにストライプのネクタイは、ある意味上級者の組み合わせ。チョークストライプの白とネクタイのストライプの白をリンクさせた。シャツは白でもいいが、薄いブルーを選ぶと、一歩進んだコーディネートに。

SUIT

チョークストライプ・
ネイビースーツ（3ボタン）

シェイプしたウエストが体を立体的に見せてくれるサキソニーフランネル素材のスーツ。やわらかな印象で信頼感を与える。

生地の風合いが
立体感を生み出す

ベースのグレーにダークネイビーとネイビーを利かせたレジメンタルタイ。数種のヘリンボーン（杉綾織り）を組み合わせ凹凸感があるのがポイントで、これによりVゾーンに深みが出る。シャンブレーシャツが、スーツとネクタイを調和させ、堅実な印象に。

STYLISH

チョークストライプ・ミディアムグレースーツ(3ボタン)

ウールのファインサージ素材の3ボタンスーツ。プレーンフロントのスラックスで、すっきりとしたシルエット。

ストライプはピッチにこだわる

ダークネイビーにシックな赤のストライプのネクタイ。シャツは白をベースにしたダークブルーのピンストライプシャツ。シャツ、ネクタイの織り柄の見え方を同じようなものにして、コントラストを抑え、個性と意志の強さをアピールしながらも柔軟さを感じさせるようにした。

SUIT

光沢感を意識した品性ある組み合わせ

クラシックな小紋柄のシルク素材のネクタイは、上品な光沢感があり品性を感じさせる。白のツイール素材のシャツによって光と影が生まれ、Vゾーンをより立体的に見せる。ネクタイの柄にかすかに見えるグレーがスーツのグレーと調和し、安定感と信頼を得る。

オルタネイトストライプ・ネイビースーツ（3ボタン）

「オルタネイト」とは、「交互」という意味で、単純なストライプではない複合柄。上級者向けだが、ぜひ挑戦したい。

共通カラーがあると調和のある装いに

写真下右／ヘアライン（極細柄）のブルーシャツに、深みのあるエメラルドグリーンを利かせたレジメンタルタイを合わせて洗練されたイメージに。スーツ、シャツ、ネクタイそれぞれのストライプに白があり、これを共通項として調和を図った。

枯れた色を選ぶ「引き算」の技

写真左・下左／クラシックな小紋柄にロンドンストライプを合わせた上級者向けの提案。ポイントはネクタイが枯れた風合いのネイビーであること。あえて押し出しの弱い色を選ぶのが「引き算」の技。こうすることで、主張の強いシャツとの相性を良くし、Vゾーンがすっきりまとまる。

JACKET & SLACKS

**ネイビージャケット（3ボタン）&
ウインドペンスラックス**

針の頭のような点模様の凹凸感のあるウールピンヘッドを使用したジャケットに、ウインドペン柄のパンツを合わせてスポーティーに。

Vゾーンのバリエーション

スラックスのグリーンのラインに合わせて、ギンガムチェックのボタンダウンシャツにグリーンをベースにした折り柄が入ったシルクのニットタイを選んだ。

ボルドーカラーのロンドンストライプにシルクブラッシングのレジメンタルタイを合わせた、個性的なスタイル。

薄いブルーのシャツに映えるシルクサテンのピンドットタイを合わせた、素材にこだわった大人のコーディネートの提案。

スポーティーな印象の強いチェックのスラックスには、ブリティッシュカントリーを象徴する千鳥格子模様がよく合う。

Vゾーンのバリエーション

平織りの艶のあるシャツにウールのグレナカートチェック（グレンチェック）のタイを合わせたカジュアルスタイル。

ネイビーウインドペン
ジャケット（3ボタン）&
ミディアムグレースラックス

フランネル素材でジャケット、スラックスの質感を統一。スラックスは青みがかったグレーを選んだ。

ロンドンストライプのシャツ、スコティッシュチェックのタイと、柄を重ね合わせたブリティッシュトラッド。

ジャケットと同系色のキャンディストライプのシャツにボルドーのピンドット柄のタイを合わせてスポーティーに。

カーフ（牛革）製を中心に、色はブラックからライトタン（赤みがかった茶色）まで揃えるのが理想。スポーティーなジャケットスタイルにはメッシュベルト、ウールのパンツにはスエードベルトといった具合に組み合わせを楽しむ。

ベルト

ビジネススタイルで使うベルトの幅は25〜30ミリ。バックルがシンプルであることが重要だ。

SHIRT

シャツ

オフィシャルなスーツにはベーシックなドレスシャツを合わせる。デザインは同じであっても、生地にこだわって選びたい。

ブルー系のシャツであっても、生地、柄で全く表情が違ってくる。ストライプ幅の広いロンドンストライプ、やや細いキャンディストライプ、さらに細いペンシルストライプ、ピンストライプ、ヘアライン……とストライプもさまざま。生地の織り方でも表情は異なってくる。

NECKTIE

写真上／ウール素地のものは〝今日的〟で新しい重要なアイテム。シルクにはない、ぼやけた色の出方が洗練された雰囲気を作るのに効果を発揮する。写真下／伝統的なストライプやチェックでも、色の組み合わせに新鮮さのあるものを選びたい。

ネクタイ

自分を打ち出すための重要なアイテムであるネクタイはジャケットの色、素材に合わせて選ぶこと。

SHOES

ドレスシューズのバリエーション

左から／スエードのパンチドオックスフォード（内羽根式）メダリオン（茶）、カーフのダービーシューズ（黒）、カーフのウイングチップ（茶）、カーフのパンチドオックスフォードメダリオン(こげ茶)、カーフのウイングチップ（赤茶）、カーフのストレートパンチドオックスフォード（黒）、カーフのストレートチップ（こげ茶）。

カジュアルにも使える
ドレスシューズのバリエーション

左から／スエードのアンラインローファー（茶）、カーフのタッセルローファー（赤茶）、同（黒）、コードバンのタッセルローファー（茶）、カーフのモンクストラップ（黒）、カーフのダービーシューズ（茶）、スエードのモンクストラップ（こげ茶）。

シューズ

フォーマルな場に着用するドレスシューズから、カジュアルだがドレスシューズとしても使えるものまで、知っておきたい靴のバリエーション。

ドレスにも使えるカジュアルシューズのバリエーション

左から／スエードのペニーローファー（紺）、スエードのウイングチップクレープラバーソール（こげ茶）、スエードのプラッチャー（外羽根式）プレーントウ（紺）、スエードのプラッチャーウイングチップラバーソール（茶）、カーフスコッチグレインレザーのプラッチャープレーントウ（黒）、スコッチグレインレザーのウイングチッププラッチャー（こげ茶）

SOCKS

ソックス

ビジネススタイルを完璧なものにするには、ファインウールの靴下が必要。靴下は手を抜いてはいけない。

ビジネスソックスの基本は無地。カラーは、ダークグレー、ミディアムグレー、ダークネイビー、ブラウンを揃えるとよい。無地のリブ編みのものがベストだが、チョークストライプやピンドットなどの柄が入ったものでもよい。

POCKET CHIEF

ポケットチーフはネクタイとの調和を考えて選ぶ。色を合わせるとよい。素材はシルク、コットンが主流。ペイズリーやドット柄、ラインの入ったトリミングタイプ、小紋柄など、さまざまなパターンがある。

ポケットチーフ

フォーマルなスタイルに欠かすことのできないポケットチーフは、胸元を飾り、個性をアピールする重要なアイテム。

CHAPTER 4

一目置かれる着こなし術

単に服を着る行為で終わらない楽しみ方ができると、
その積み上げた内容が、
その人のどこかに雰囲気として出てくる

あなたが、いつまでたってもおしゃれになれない理由

昔は、質の良いもの、品性のあるものを着ていると、「いいもの着ているね」と言われていました。現在ほど服に対する価値観が多様ではなく、老舗《しにせ》ブランドがステータスと信頼を担っていた時代であり、セオリーにのっとって質のいいものさえ着ていれば「おしゃれ」と称されたのですから、デザインやコーディネートに頭を悩ませる必要は今ほどなかったでしょう。

今はありとあらゆる服が街に溢れ、自分の価値観で自由に選ぶことができる時代。ファッションに関する情報も溢れているのですから、一定基準の服装をすることは容易になりました（昔は粗悪品が多く、意識して探さなければ情報も得られなかったし、納得できる服には出会えなかった）。そして、服を通して〝自分のメッセージを発信しているつもり〟の人が多くなってしまいました。

容易に得た情報やテクニックで、多様化する情報の中から「好き」「嫌い」、自分に「似合う」「似合わない」で服を選んで着ることに終始していると、いつまでたっても「おしゃれ」にはなれません。なぜなら、服を選ぶ理由が自分の中で完結しているからです。

もちろん、好みをはっきりと持つことは大切です。情報を得ることが必要だと、前の章で書きました。ただし、それはベースの部分、服を自己表現の最強ツールにするための第一歩にすぎません。「これが流行っているから着ている」「店でいいなと思って買った」というのは、単純な理由にすぎない。確実に、あなたの意志やメッセージを周りに発信したいのなら、自分なりに情報を編集すること。誰に、何のためにメッセージを発信するのかを考えて、服を選び、服装を整えましょう。

「わたしはこういう人間です」「わたしはこういう理由があってこの服を選んでいます」と、服を通じて表現するのは楽しいものです。装うことを本当に楽しめなければ、いくら最新のアイテムを身につけても、周りの人には陳腐に見えてしまいます。あなたと服に密接な関係がない限り、本当の意味で「おしゃれな人だな」と周りに思ってはもらえないのです。


大切なのは、服と自分との関係を冷静に考えること。

それさえできれば、自分にマイナスになるような服を選ぶことはなくなります。

無駄な買い物をしなくてもすみます。数を持つのではなく、本当に自分にとって意味のある服装ができるようになること。最新のアイテムを身につけ、流行の着方をしているだけでは本当の「おしゃれ」にはなれないのです。

あなたの総合力が着こなしに表れる

服を着こなすために大切なのは「ボキャブラリー」と「感性」「感受性」だと僕は思っています。「ボキャブラリー」とは知識や情報のこと。服の歴史的な背景や成り立ち、服装としてのルールなどを、知っているのとそうでないのでは、結果はまるで違ってくる。「感性」とは、いろいろなものを見たり、触れたりすることで、自分がいいと思うものを深く掘り下げていくことで養われます。

「感受性」は「感性」と似ていますが、さまざまなことを受け止める繊細な神経、そして考えて組み立てていく力。ファッション業界で「あの人は感性があるね」というのは、時代やニーズを的確に捉え自分なりの答えを持っている人のことで、「感受性」という言葉は、情報やニーズを取り入れてアレンジし、自分流の創造ができる人に対して使います。

たとえば、今年の流行色がイエローだとします。流行色が何か、なぜ流行っているのかを知っているのが「ボキャブラリー」で、それについて掘り下げ、自分なりの見解を追求するのが「感性」、そしてイエローという色を自分の価値観や意味合いをつけて服装に盛り込む力が「感受性」です。

この3つが揃って、初めて〝自分なりのスタイル〟を持つことができるのです。「流行のイエローの服を着ているのにおしゃれに見えない」と悩む人の多くは、流行色に興味は持つけれど、「イエロー」という答えを得て満足し、それをどう自分に生かすのかまでには至っていないから。大袈裟に言えば、イエローの魅力を探り、研究することが必要で、そうすることが真の満足感へとつながります。流行だからと買っても、何のアイデアもないのでは、無駄な買い物をしているのと同じです。

僕が知っている着こなしの達人たちは、流行や好きなことだけでなく、いろいろなことに興味を持ち、「ボキャブラリー」を高めている人たちです。そして自分なりに解釈し、どう受けとめたかがその人の総合力の表れになっていると思います。雑学や知識など、得た情報をまとめ、自分なりのノウハウにしていくと、その人なりのスタイルになってくるはずなのです。

興味の範囲を広げることは、あなたの人生を思わぬ方向へと導いてくれる

今の空気を味方にする

服装は「自分がどうありたいか」ということを考えながらも、つねに今の空気、つまり〝今日的〟な空気が必要だと、ここまで繰り返し書いてきました。ルーズフィットが主体になっているときに、ぴったりしたものを着ていたらおかしいし、反対にベリーフィットが主流の時代に、ルーズフィットを着ていたら、「それ、ちょっとダサいよね」「時代遅れだよね」と言われてしまいます。

いくら自分はこの形が好きで、このサイズ感がしっくりくると思っても、今日的なものを加味せずに、同じところにいつまでもとどまっているのは進化がないのと同じ。今のように変化が激しい時代に変わらないでいることは、活力がないとみなされかねません。サイズやバランスを常に更新できる時代感覚を持つように努力することが大切です。これは、服に関してだけでなく、仕事をする上でも重要でしょう。

僕がテーマにしているのは、「進化し続けるトラッド」。どうあれば、それを表現できるかを日々考えています。実現するためには、さまざまな情報にアンテナを張

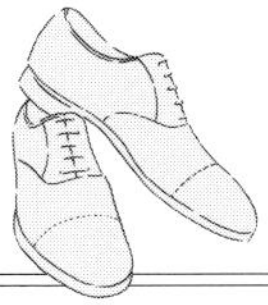

り、咀嚼《そしゃく》する必要があり、それを繰り返すことが、研究につながる。常に新鮮な自分、〝今日的〟な空気をまとうにはどうすべきかを考えているのです。

とはいえ、世の中が１００動いたから、自分もつられて１００動くというよりは、微妙に去年と変える程度。１００変えるほうが簡単なのですが、微妙に変えるのはけっこう難しい。そこに労力を注ぐことは、僕の活力になっています。

どう変えるかというと、長年着ているジャケットを時代に合わせて肩のシルエットを変えたり、着丈を短くするなどして、進化させます。こうすれば、自分らしさを失うことなく更新していけます。

「直すのはちょっと……」と言う方には、手っ取り早く時代遅れにならない方法をお教えしましょう。持っている服の中から、自分の好きなアイテムを選んでください。多くても、持っている服の半数まで。それがあなた自身のベーシック（軸）になります。ベーシックアイテムは残し、それ以外は新しいものに買い換えていきましょう。〝今日的〟なデザイン、サイズ感をあなたのベーシックにプラスして、アップデートするのです。そうすれば、最新のあなたになれるはずです。

「流行遅れになるから」と、新しい服をどんどん買う必要はありません。今あるものに、新しいものをプラスするアイデアを持ち、実行することで、周りのあなたに対する評価は変わってきます。この方法を、ぜひビジネススタイルに活用してください。いつまでも昔買ったスーツをそのまま着ている〝さえないおじさん〟でいては、あなたの能力をくすませてしまうので、ご注意を。

体になじんだ服は着こなしやすい

服を着こなすにはある程度の時間が必要です。言い換えれば、自分と服との関係を深めるためには、何回も袖を通す必要があるということです。その服を着たときに自分がどういう感じになるのかを体感しているうちに、着こなすためのアイデアが生まれてくるようになるのです。

僕は新しく買った服は1年寝かせて翌シーズンから着たりします。昨日、今日買った服だとまだなじみが浅く、服と自分が一体化するには時間的に無理があると考えているからで、服に向き合い、どう着るかをじっくり思い描いていきます。時間をかけて服と向き合うことは、着こなす上で、とても大切だと僕は思っています。

服との関係を深めていくと、体になじんできます。すると、さらに上を目指したくなる。「あの人、格好いい」と思う人は、体に服がいい具合にフィットしていま

す。着こなしの上級者は、自分なりにカスタマイズして着ているのです。長年愛用しているお気に入りのジャケットなら、時代のフィット感に合わせてお直しをし、シルエットを微妙に変えて着るのも楽しいものです。

先にも書きましたが、僕も20代のときに買ったジャケットをカスタマイズしながら着続けています。気に入って買ったものだから、そのときの気持ちやストーリーが自分と共に生きているものは、自分の肌の一部となっていわゆるなじむということにつながり、大切にしています。「それ、いいですね。どこで手に入れたものですか」などと聞かれることは決して悪くない気分ですね。

一方、せっかく買ったけれど、処分していくものもあります。僕の場合は、4〜5年のサイクルで、少しずつ入れ替えています。たとえば、今年20回くらい着たものが、来年は10回になって、翌年ほとんど着なければ、その服はもう僕には必要ないものと判断します。年齢とともに自分の空気感も微妙に変わっていき、どうしても合わなくなるものがあって当然です。服の役目が終わったと思えば、「さよなら」できるものです。ただそこにあったから着ているのか、すごく気に入って大切にしながら着ているのかは、周りから見るとすぐにわかります。サポートしてくれる服を得ようとするのなら、自分の気持ちを注いでケアしていく必要があります。

服には必ず匂いがある

服を最強のツールにするために、もうひとつ、重要なことがあります。それは、服の匂いを感じとる、ということです。ここで言う「匂い」とは、その服の背景、生い立ちのことです。どんな服でも企画からスタートし、それに合うデザイン、素材が検討され作られています。

この「匂い」を感じとることは、皆さんもなんとなくされていることでしょう。でも、なんとなくだけでは、自分らしさを演出する着こなしはできません。繰り返しになりますが、理解し、自分なりに編集して再構築することが大切です。特にビジネススタイルの場合は、スーツやシャツ、ネクタイの柄、靴のデザインなど、あらゆるアイテムにしっかりとした生い立ちがあり、それらを守りながら進化しているので、「匂い」を感じとることがコーディネートのポイントになってきます。

たとえば、セレクトショップの今シーズンのテーマが「1870年代の英国の紳士淑女」であれば、その時代背景、文化を踏まえた独自の解釈でアイテムをセレクトしているはずです。もちろん、ショップに並んでいるのは「1870年代の紳士

服には必ず背景があり、それを知るとコーディネートすることが楽しくなる

淑女」の服そのままではなく、〝今日的〟な素材を使い、デザインもアレンジされているでしょう。でもそこには必ず「1870年代の紳士淑女」を感じさせる匂いがあるはずです。

こうした匂いを読みとることが、コーディネートを組み立てる練習になります。同じ匂いを持つアイテムを組み合わせれば、ちぐはぐにはならないでしょうし、アクセントに何か欲しい場合も、匂いをヒントに探すことができます。そうなると、服との付き合い方も変わってくるはず。ブランドが何を伝えようとしているのか、ショップのディスプレイが何を表現しようとしているのかがわかるようになり、コーディネートすることが楽しくなるでしょう。

「ショップで見て、何となくいいと思ったから着ている」という人でとどまるよりも、「1870年代の感じが好きだからこの服を選びました」と説明できるようになれば、服装に自信が持てるようになります。同時に、その場にふさわしくない格好をするような失敗もなくなるでしょう。

自分はなぜその服に惹かれたのか。自分を惹きつけたのは、その服のどんな匂いだったのか。それを考えてみると、自分らしい服、自分らしいスタイルが見えるようになります。

僕がネイビーのスーツを着るとしたら

日本のビジネスマンのほとんどが持っているネイビーのスーツ。もし僕が、ネイビーのスーツを着るとしたら、時代の空気を取り込み、新鮮さを表現できるようなコーディネートを考えるでしょう。大切なのは、オーセンティックなものを選んでいても、自分らしいコーディネートで個性を輝かせること。そのためには情報を得て、自分流のアイデアを持たなければいけません。

まず、どんなスーツを選ぶかを考えます。「ネイビーのスーツは持っているから」というのならそれでもいいでしょう。ただ、そのスーツは、今のあなたに合っていますか？　これから大きなビジネスに臨むのならば、自分を後押ししてくれるようなスーツを吟味してみることも考えてください。これまで述べてきたように、体にフィットしているのか、〝今日的〟な空気を表現できるか否か、客観的に考えてみてください。

もし、新たなスーツを用意しなければいけないのなら、3ボタンか2ボタンか、センターベントかサイドベンツか、チェンジポケットはあるのかないのかなどは好みによりますが、素材や品質にはぜひこだわっていただきたい。単純に「ネイビーのスーツ」といっても、臨むべきビジネス、取引相手、自分をどう見せたいのかによって、選び方は変わってきます。僕自身、デザインのディテールへのこだわりはもちろんありますが、その他大勢の人が着るようなスーツに見えてしまわないよう、生地には特にこだわりたいと思っています。ネイビーのスーツを着た人間が100人いたとしても、僕なりのアイデンティティを示すスーツを選び、コーディネートしていきたいと思います。

では、どんなスーツを選ぶかというと、シングルブレスト（シングル）で、目的に合わせてアメリカの匂いを出してアイビー調の3ボタンスーツにするか、格式を感じさせる英国調のスーツか、どちらかを選ぶでしょう。生地は、織りによる表情があり、やわらかな光沢のあるものがいい。オーセンティックなネイビーのスーツこそ、生地の品質の良さがわかるので、最低でも7万〜8万円、もし最初に買うネイビーのスーツと想定するなら、10万円くらいのものを選びます。

次はネクタイとシャツです。アイビー調のスーツなら、その歴史も考慮してシャツはボタンダウンになるでしょうか。英国調であるなら、襟が丸いラウンドカラーのシャツか、薄いブルーで襟と袖口が白いクレリックシャツを選びます。ネクタイ

は春夏なら清涼感があるブルーやライトブルーなどスーツと同系色のレジメンタルタイにして広がりを感じられるようにするでしょう。相手にも爽やかさを感じてもらうためのアイデアです。秋冬ならば、ネイビーと反対色のボルドーをベースにしたレジメンタルタイを選ぶなど、温かさを演出します。これは、一例ですが、僕はネイビーのスーツにはいつも柄物のネクタイを合わせるようにしています。ソリッド（無地）だとフォーマルな感じになってしまうので、出かける先がフォーマルな場合でも、遠目に見たら無地だけれど、近くで見ると柄がわかるようなネクタイを選ぶようにしています。

　ネクタイの柄は、会う相手を考慮しながらも、そのときの僕の顔つきや体調、天候に応じてどれを選ぶか決めます。眠そうな顔をしていたら、はっきりしたストライプでシャープに見せるようにするなど、当日、どういう状況になるかわからないので、ネクタイは前の日に、強・中・弱を取り揃えた4～5種類を用意しておくようにしています。組み合わせがひとつしかないようでは、きちんと「今日の僕」を表現できないからです。

　スーツ、ネクタイ、シャツの相性は、単純に色で合わせるだけではいけません。生地の織りが見せる表情を統一したり、相反するものでネクタイを浮き立たせる効果を狙ったりと、組み合わせはどんどん広がっていきます。

一歩間違えば、ユニフォームのように見えるネイビーのスーツこそ、よく考えて細心の組み合わせを考えるべきです。答えは決してひとつではありません。どんな自分をつくりたくて、そのためにはどうするのか、俳優が役のキャラクターを研究するように自分自身を研究して、〝なりたい自分〟を追求し、それに近づけていくことが大切なのです。

僕が1週間分の服を決めるわけ

僕は週末に翌週のスケジュールをにらみながら、1週間分の服を決めています。最低でも3～4時間、服について集中して考えるようにして、万全の態勢でウィークデーは仕事に集中します。

いつ、誰に会うのか、どこに行くのかを考え、天気予報も参考にしながら決めるのですが、「こういう全体像を描いてこの組み合わせにしたけれど、よく考えてみたら、前にもこれを着ているから新鮮さが必要かな」といった具合に、練りに練る。そして、当日、細かな修正ができるように、ネクタイだけでも4～5種類準備

しておくのです。天候が変わりやすい季節は、コートを着るならこれとこれ、コートなしの場合はこれとこれ、といった具合に数パターン用意することもあります。「鈴木さんは服のプロだから当たり前でしょ。僕にはそこまでできません」と言われてしまえばそれまでですが、日常的に服装について考えることは、あなたの人生を豊かにするのだと、僕は信じています。

「3〜4時間もよく洋服のために時間がとれますね」と言われることもありますが、せめて1時間でも「どんな服を着ようか」と考えてほしい。明日会う相手の顔を思い浮かべて、「前にあの人と会ったときは、あのスーツを着ていたな」と思い出せば、違うスーツにする、あるいは「それ、いいですね」と言われた同じジャケットを全く違うコーディネートで着ていくなど、常に新鮮な自分を見せられれば、ポジティブな印象を相手に与えることができます。

また、自分の欠点を補うのに役立てることもできます。シャツの色ひとつで、顔色はずいぶん違って見えるのですから、それをうまく利用しない手はありません。それを知らずに、雨の日だと少し皮膚が疲れた感じに見えてしまうブルーのシャツを着て、「なんだか元気ないな」と思わせるよりも、ピンクのシャツを着て「雨の日でも、この人に会うと元気になるな」と思わせるほうが、ビジネスにもプラスになるはずです。

とは言っても、相手はほとんど気づかないかもしれません。僕がブルーのシャツを着ようが、ピンクのシャツを着ようが、顔色がどう変わろうが、どうでもいいことでしょう。でも、意識されなくとも知らず知らずのうちに印象は残しているはず。僕はそこもなおざりにはしたくないのです。

たとえ自己満足と思われたとしても、そういった細かいところが、僕の世界観を完成させているのですから、決して妥協はできません。そして、完成させるためには、余裕を持ってコーディネートを考える必要がある。ですから、僕は毎週末、翌週着る服を決めているのです。そこまでこだわらないと、僕が描いている世界観は完成しないのです。

映画は最高のサンプルであり、マニュアル

着こなしに関しては、映画をお手本にすることをおすすめします。人物の背景や心情、環境としての景色や空気感も含めた中で服が存在する映画は、最高のサンプルであり、どう着こなすかのマニュアルです。特に１９５０～60年代の、まだ服が

多様化していない時代の映画は、スタンダードなものを着ながら個性をどう出すかが考えられているので、スタイル作りのヒントになります。ビジネススタイルを中心に、大人の男性の着こなしのヒントがちりばめられている、特におすすめの映画をいくつか紹介しましょう。

『疑惑の影』1943年/アメリカ映画

ヒッチコック監督のサスペンススリラーの傑作。ファッションは40'Sルック、スーツはスリーピースが基本であった時代。見ていただきたいのは、都会から来た謎の男を演じるジョゼフ・コットンのスタイリングです。

秋冬はグレンチェックのスーツに、スーツのトーンよりも明るい色のウールタイを合わせた英国の皇太子ルック。一転して春夏はダーク系のジャケットに白いウールのスラックス。そこにスポーティーなコンビネーションシューズを合わせています。アールデコプリントのネクタイをしたシャツのカラーをピンで留め安定させています。また、ダブルの4ボタンのスリーピースでは、ソフトなイメージのシャツに、そこに結ばれたストライプのネクタイと、その絶妙なバランスは見事です。

ポイントは、上着よりも薄い色のネクタイをして、日常着のように素材、色のバランスがとれているところ。つまりは自分の匂いのする着こなしのお手本です。

『泥棒成金』１９５５年／アメリカ映画

この映画では、主演のケイリー・グラントの所作、着こなしに注目していただきたい。服というものは、着ている人と一体化して、相手にその人物の印象を浸透させていくものであるということが、実によくわかります。

人と対面するシーンでは、必ずスラックスの左のポケットに手を入れています。右でなく左のほうが上着のシワがきれいに出ることがわかっているからこそできる所作です。ジャケットスタイルのときには、シャツにアスコットタイというスタイル。アスコットタイはボタンダウンカラーのシャツにするのが一般的ですが、舞台は１９５０年代のフランスの高級避暑地で、当時フランスにはボタンダウンカラーのシャツがなかったため、レギュラーカラーのシャツを着ています。注目すべきは、シャツの襟が倒れないようにジャケットのボタンを上まで留めていること。こういった細かい着こなしへのこだわりが、とても参考になります。

『成功の甘き香り』１９５７年／アメリカ映画

ニューヨークのマンハッタンを舞台に、影響力のある新聞にゴシップやスキャンダル等の情報を提供するプレスエージェントマンが繰り広げるドラマ。

主人公を演じるトニー・カーティスの昼間の装いは、ニューヨーカーを代表するアメリカントラッドなコンサバスーツ。ウール素材でミディアムグレーのシャドー柄ストライプのシングル3ボタンでセンターベンツ型のスーツに、白いブロード生地風のワイドぎみのボタンダウンカラーのシャツを合わせています。そしてネクタイはウールの黒の無地というシャープなスタイル。

洋服好きには見逃せないのが、夜の装いに着替えて出かけるシーンです。昼とは違う、夜の場に相応《ふさわ》しいドレッシーでフォーマルなダークカラーのスーツで、柄が1センチ前後のシックなストライプシングル2ボタン、チェンジフラップ付きサイドベンツ型。襟腰の高いワイドカラーの極細ストライプのシャツと無地の黒いネクタイを合わせます。

着替え方を見ると、①昼上着を脱ぐ、②昼ネクタイを取る、③昼シューズを脱ぐ、④夜シューズを履く、⑤昼スラックスを脱ぐ、⑥夜スラックスを履く、⑦昼シャツを脱ぐ、⑧夜シャツを着る、⑨夜タイをする、⑩夜ジャケットを着る、という手順。東洋と西洋のライフスタイルの違いはありますが、このシーンからは装うことの大切さを学べると僕は思っています。

『さよならをもう一度』1961年／フランス・アメリカ合作映画

フランソワーズ・サガンの『ブラームスはお好き』を映画化した中年の女性の孤独と不安を描いた文芸メロドラマ。衣装を担当したのは、当時クリスチャン・ディオールで主任デザイナーをしていたイヴ・サン=ローラン。

主人公の女性の恋人を演じるイヴ・モンタンは全体がコンチネンタルスタイル。スーツはギャバジン生地のダークグレーとベージュの2色、どちらもシングルの2ボタンでVゾーンが広く、肩幅が広くウエストのシェイプが低めで、スラックスもワイド。そのスーツに襟腰の高い白のセミワイドカラーのシャツ、黒の無地の太めのネクタイを合わせていて、フランスの洒落た中年のイメージを表現している。

それと対照的なのが、主人公が出会う年下の青年を演じるアンソニー・パーキンスのスタイル。アメリカのムードをフランス風の味つけにした、まさにイヴ・サン=ローランがアイビーを作るとこんな感じといったファッションになっています。

ダーク系カラーのスーツは、シングル3ボタン（常に上2つのボタンは留める）で「ナチュラルショルダー」と呼ばれる肩パッドのないデザインで、Vゾーンは狭

く、胸ポケットの下からダーツが入ったハイシェイプモデルです。ショートカラーのピンカラーシャツは袖カフスが2ボタン（通常1ボタン）にダークジャカードのナロータイを合わせています。
「マキシム・ド・パリ」のシーンでは、ボタンダウンカラーシャツを着ていますが、アメリカンスタイルではないイヴ・サン＝ローランのデザインするノーロールドショートボタンダウンカラーです。合わせるのは、ダーク系カラーのスーツに黒の無地ニットタイ。この映画では、お洒落な男達は限りなくシックを競っていたことがわかります。

『アパートの鍵貸します』1960年／アメリカ映画

1950～60年代のニューヨークのサラリーマンのスタイルがよくわかる映画です。主人公を演じるジャック・レモンのファッションが、昇進していくことで変わっていくところがポイントで、生活が変わることで服の品質だけでなくデザインも変え、新しい自分を演出している様子がよくわかります。チャコールグレーのスーツに、係長時代はボタンダウンカラーのシャツであったものが、役職がアップすると、白のラウンドピンカラーシャツに変わります。

スタンダードなスーツの着方によって個性を求められていた時代だからこそ、何を着るのかが重要であるということがきちんと描かれている作品だと思います。

『ブリット』1968年／アメリカ映画

スティーブ・マックイーンのヒット作のひとつ。60年代後半サンフランシスコを舞台に刑事ブリットが犯人を追真のカーチェィスで追い詰める刑事モノのはしり。ドラマでマックイーンが終始着ているのがベージュのシングルステンカラーコート。刑事の上司も犯人もシングルステンを着ていますが、マックイーンのものとはまるで違います。マックイーンのコートの丈はスポーティーな膝上で、肩幅や身幅がフィットしていて、現代のサイズ感覚の基本形をすでに作り、着ているのです。

また、ある場面では、シングルの3ボタンの赤茶色のヘリンボーンツイードジャケットに明るいブルーのニットを合わせています。このジャケット、エルボーパッチも赤茶スエード。チャコールグレーのウールパンツに、赤茶スエードのラバーソールのチャッカーブーツ。この映画がいつまでも色褪せないのは、アクティブでクールなマックイーン自身がカジュアルでそこに存在するからと思われます。

いい物に出合うことが、服装だけでなく、あなたの人生を豊かにしてくれる

SHIPS

シップス銀座店

アメリカ東海岸の空気を取り入れた「大人がおしゃれを楽しむ専門店」として、1977年にオープンしたシップス第1号店。以来、「本店」としての役目を担い、インポートからオリジナルまで充実したラインナップで、シップスのコンセプトである「STYLISH STANDARD」を提案し続けている。2階から3階への階段壁面など、店内のディスプレイの一部のスタイリングを鈴木氏が手がけている。

東京都中央区銀座3-4-15　菱進銀座ビルB1-3F
Tel：03-3564-5547
営業時間：11：00～20：00　無休

本書に掲載した商品はすべて2015年3月現在のもので、「シップス銀座店」にて取り扱いのある商品です。ただし、参考商品のためブランド名、価格の表示をしておりません。ご了承ください。

おわりに

僕と洋服のつながりは、幼少期にまでさかのぼります。記憶の中にあるのは、家の玄関の土間に、いつもきれいに磨かれた状態で並んでいた父のウイングチップのシューズ。その靴には必ずシューズキーパーが入れられていて、形を美しく整えたその様が、小さな僕に、何か感銘のようなものを与えたのかもしれません。

父の書斎の机の上には、アメリカから届いた外国の情報誌が、いつも無造作に置かれていました。そこに描かれている絵を見ては、行ったこともない外国のカルチャーやライフスタイルに興味と関心を持ち、憧れていました。それが、今の僕の原点になっています。

ティーンエイジャーになった僕がファッションスタイルに興味を持ちはじめたころ、ファッションとして服装を楽しんでいたのは一部の人たちだけでした。しかし、東京オリンピックの後、着実に新しい時代がはじまろうとしていたのです。

そんな1965年、僕は戦後のレジェンドカンパニー「VAN JACKET」に入りました。時を同じくしてこの年に、「VAN」の企画で婦人画報社から『TAKE IVY』が発表されます。

さらに僕をファッションへと駆り立てたのは、「VAN」と「TEIJIN」のコラボでスタートし、時代の新しい試みを絵にした「テイジンメンズショップ（＊）」です。「テイジンメンズショップ」に入り、接客する中で、僕の服への興味と関心は、ますます、広がるばかりでした。

「テイジンメンズショップ」のいくつかの店長を務めた後、時代の変わり目と僕の興味はトラッドの進化を目指すもの作りへと注がれていきます。新しい方向性を目指すアパレルに入り、その企画を学びました。それがブリティッシュトラッドの「エーボンハウス」です。

その後独立、自らのオリジナルブランド「メッサーフリッツ」を世に出した僕は、取引先であった「シップス」で企画の仕事をはじめることになるのです。

服と関わって半世紀、ファッションは生きていることを楽しくさせてくれる特別なものだと実感しています。

ファッションと向き合うことは、

＊テイジンメンズショップ：この時代、高価な輸入商品を扱う小売店はデパートの特選売場や一部の限られた専門店しか存在していなかったが、トラッドに特化した欧米型の大人のメンズ衣料専門店がこのハイグレイドプレステージの「テイジンメンズショップ」であった。

素敵な音楽を聴いたり、
素敵な絵画を観たり、
素敵な映画を観たり、
素敵な小説を読んだり

するようなもので、その人の感性を刺激し、豊かな内面を引き出してくれるようなもの。

いわば、生きるエネルギーをもらうことにつながります。

この本を読まれた方が、一人でもこのことを実感していただける機会に恵まれますことを願います。

２０１５年６月　鈴木晴生

鈴木晴生　すずき・はるお

1947年、東京生まれ。セレクトショップ・シップス顧問。ヴァンヂャケット、テイジンメンズショップを経てシャンタルデュモ「エーボンハウス」の企画に携わった後に独立し、ブランド「メッサーフリッツ」を立ち上げる。96年シップスに入社。企画部長・執行役員を経て、現在は顧問・メンズクリエイティブアドバイザーを務める。ファッション界の重鎮、映画への造詣も深い。

装丁・デザイン　細山田光宣＋松本 歩（細山田デザイン事務所）
撮影　大坪尚人（本社写真部）
編集協力　辻 由美子

男《おとこ》の着《き》こなし最強《さいきょう》メソッド

服《ふく》は口《くち》ほどにものを言《い》う

2015年6月18日　第1刷発行
2015年8月24日　第3刷発行

著者　鈴木晴生《すずきはるお》

発行者　鈴木 哲
発行所　株式会社 講談社
〒112-8001　東京都文京区音羽2-12-21
編集　03-5395-3527
販売　03-5395-3606
業務　03-5395-3615

印刷所　慶昌堂印刷株式会社
製本所　株式会社国宝社

ISBN978-4-06-219540-9